DIREITO FUNDAMENTAL À INTERNET

RAFAEL SANTOS REIS CAVALINI

DIREITO FUNDAMENTAL À INTERNET

2021

C376d   Cavalini, Rafael Santos Reis.

Direito Fundamental à Internet. Rafael Santos Reis Cavalini, Florianópolis, 2021, 88 p.

ISBN: 9798743886708

1. Direito Constitucional. 2. Direitos Fundamentais. 3. Acesso à internet. I. Título.

CDU: 342.7

Dedico este livro a minha família por ser
a base do que sou e a imagem do que
quero ser.

Lista de Abreviaturas e Siglas

ADPF	Arguição de Descumprimento de Preceito Federal
ANATEL	Agência Nacional de Telecomunicações
apud.	Citado por
ARPA	*Advanced Research Projects Agency*
art.	Artigo
Atual.	Atualizada
CCJ	Comissão de Constituição e Justiça e Cidadania
CF	Constituição Federal de 1988
Cf.	Conferir
Dez.	Dezembro
DJ	Diário de Justiça
EC	Emenda Constitucional
Ed.	Edição
et al.	e outros.
HC	*Habeas Corpus*
HRC	*Human Rights Council*
IBGE	Instituto Brasileiro de Geografia e Estatística
inc.	inciso
Jan.	Janeiro
Jul.	Julho
Jun.	Junho
M.Sc.	*Master of Science*
Mbps	Megabits por segundo

Min.	Ministro
MS	Mandado de Segurança
Nov.	Novembro
n.	número (na citação)
nº	Número
ONU	Organização das Nações Unidas
Out.	Outubro
p.	Página
p/	para
PEC	Proposta de Emenda à Constituição
PIB	Produto Interno Bruto
PNAD	Pesquisa Nacional por Amostra de Domicílios
RE	Recurso Extraordinário
Rel.	Relator
Rev.	Revista
RNP	Rede Nacional de Pesquisa
Set.	Setembro
ss.	seguintes
STF	Supremo Tribunal Federal
Trad.	Tradução, traduzido
UFRJ	Universidade Federal do Rio de Janeiro
UNESCO	Organização das Nações Unidas para Educação, Ciência e Cultura
v.	Volume
v.g.	*verbi gratia*

SUMÁRIO

INTRODUÇÃO

A partir da evolução do Estado Absolutista para o Estado Liberal, é possível apontar o reconhecimento de vários direitos como fundamentais à existência humana. Delineiam-se três causas históricas centrais responsáveis pela declaração desses direitos, quais sejam: a opressão absolutista; a doutrina filosófico-religiosa do cristianismo, pregadora da igualdade fundamental de natureza entre todos os homens, criados à imagem e semelhança de Deus, e da liberdade fundamental de fazer o bem, ou de não o fazer; e, por fim, a inversão de perspectiva Estado e indivíduo, em que se reconhece o indivíduo, assim considerado, como essencial e prioritário em relação ao Estado.

Tem-se, portanto, que a revolução liberal foi o marco inicial de uma nova disposição estatal, em que se denota um Estado limitado e provedor de direitos outrora ignorados ou mesmo desconhecidos.

Impende salientar que a dogmática jurídica atribui à tal reconhecimento uma evolução histórica, chamada de "dimensões dos direitos fundamentais". A utilização do termo "evolução" é propícia, à medida em que indica que tais direitos já existiam, mas tiveram seu reconhecimento como garantia fundamental a depender do contexto histórico da sociedade.

Não obstante, embora ampla literatura faça uso do termo "geração" dos direitos fundamentais, na presente obra se optará pela expressão "dimensão" dos direitos fundamentais, isso porque, esta evita a falsa impressão da mudança gradativa de uma geração por outra.

Neste sentido, é assentado no ramo jurídico - seja no plano teórico, seja na jurisprudência - a existência de três dimensões de direitos fundamentais. A primeira concerne ao direito à liberdade em sentido amplo, assegurando o direito de ir e vir, a liberdade de consciência, influenciada pelas Revoluções Americana e Francesa. A segunda, refere-se ao direito de igualdade, oportunidade em que o Estado assume uma postura intervencionista, na tentativa de eliminar as desigualdades sociais e avocando para si um papel de provedor dos direitos sociais, a garantir educação, saúde, emprego, moradia, alimentação, aposentadoria. E, por fim, a terceira dimensão é caracterizada pela titularidade difusa ou coletiva dos direitos a que abrange, como direito ao meio ambiente ecologicamente equilibrado, ao patrimônio histórico cultural, entre outros.

Por oportuno, vale destacar que há uma certa divergência na literatura condizente à existência da quarta dimensão e da quinta dimensão de direitos fundamentais.

Para ilustrar a desarmonia doutrinária, cita-se a teoria de Paulo Bonavides, a qual prevê como direitos de quarta dimensão a democracia, a informação e ao pluralismo[1], enquanto enquadra como direito de quinta dimensão a paz[2]; por outro lado, José Alcebíades de Oliveira Junior, entende que os direitos da quarta dimensão referem-se à biotecnologia, e, os da quinta, são decorrentes da realidade virtual[3].

Ademais, embora o tema seja ainda moderno, a divergência vem de muito antes, visto que, Norberto Bobbio já destacava a possibilidade de uma quarta geração de direitos fundamentais, "referentes aos efeitos cada vez mais traumáticos da pesquisa biológica, que permitirá manipulações do patrimônio genético de cada indivíduo"[4].

Notório se faz que os doutrinadores consubstanciam suas teses em conformidade à essencialidade que cada um atribui aos direitos fundamentais, de maneira que, ao tratar dessa classificação, a presente obra destacará os principais aspectos desses direitos, utilizando *prima facie* as três dimensões de direitos fundamentais, que se demonstra a mais aceita pela literatura constitucionalista e pela jurisprudência dos Tribunais Superiores.

Ante a consolidação da importância dos direitos fundamentais, bem como pontuação de suas dimensões,

---

[1] BONAVIDES, Paulo. **Curso de Direito Constitucional Positivo**. 15. ed. São Paulo: Malheiros, 2004. p. 570-572.
[2] BONAVIDES, Paulo. **Quinta Geração de Direitos Fundamentais**. Revista Brasileira de Direitos Fundamentais e Justiça, n. 3, 2008. p. 82-93.
[3] OLIVEIRA JÚNIOR, José Alcebíades de. **Teoria Jurídica e Novos Direitos**. Rio de Janeiro: Lumen Juris, 2000, p. 86.
[4] BOBBIO, Norberto. **A Era dos Direitos**. Traduzido por Carlos Nelson Coutinho. 7. reimpressão. Nova ed. Rio de Janeiro: Elsevier, 2004. p. 13.

analisar-se-á a viabilidade em se reconhecer o acesso à internet como direito fundamental.

Face às características dogmáticas do direito ao acesso à internet, almeja-se definir sua fundamentalidade material ou não, e se necessário, enquadrá-lo em sua suposta dimensão. Na hipótese de não reconhecida sua fundamentalidade, verificar-se-á se esse é um direito realizador e/ou "potencializador" de tantos outros direitos, a título de exemplo, o direito à manifestação, à democracia, ao controle externo.

Tudo isto, com a ressalva da possibilidade de ser um direito já assegurado de forma implícita em outros direitos fundamentais, sendo inviável dogmaticamente sua autonomia, sob pena de se "criar" mais um direito ou princípio sem força normativa, conforme doutrina de Lenio Streck[5].

A relevância política, social e acadêmica do tema é enfatizada pela Proposta de Emenda à Constituição (PEC) nº 479, de 2010, de iniciativa do Deputado Sebastião Bala Rocha, que busca elevar o acesso à banda larga à categoria de direito fundamental, ao propor acrescentar *"o inciso LXXIX ao art. 5º da Constituição Federal, para incluir o acesso à internet em alta velocidade entre os direitos fundamentais do cidadão"*. Bem como, da PEC nº 6, de 2011, que propõe a alteração do art. 6, da Constituição, para *"introduzir no rol dos direitos sociais, o direito ao acesso à Rede Mundial de Computadores (Internet)"*, de iniciativa, do então, Senador Rodrigo Rollemberg.

---

[5] STRECK, Lenio Luiz. **Verdade e Consenso.** 3. ed., Lumen Juris, 2009.

Ademais, no âmbito internacional, foi tema do Relatório A/HRC/17/27, do *Human Rights Council*, da Organização das Nações Unidas, de 16 maio de 2011, reprimenda aos países que haviam aprovado leis para bloquear o acesso de pessoas que não cumprem acordos de direitos autorais na web, e também países que impediam o acesso às redes sociais para reduzir protestos da população contra governos, afirmando em seu corpo que o acesso à internet se caracteriza como um direito humano[6].

A fim de melhor abordar a temática em cotejo, em um primeiro momento, a principal técnica a ser utilizada para abordar o problema é a pesquisa bibliográfica e documental, dado o caráter teórico-argumentativo da obra. Assim, serão consolidados conceitos capazes de esclarecer o contexto da pesquisa: breve histórico dos direitos fundamentais; as dimensões dos direitos fundamentais; o conceito de direito fundamental na Constituição Brasileira; as características dos direitos fundamentais; definição do acesso à internet pela banda larga como direito fundamental e, por último, a concretude social e jurídica diante desta "elevação" em nosso ordenamento jurídico.

A forma de abordagem principal a ser utilizada será a pesquisa dogmática (ou instrumental), a sugerir estratégias de argumentação e decisão diante de conflitos a partir de normas jurídicas estabelecidas. Isto porque, a análise do tripé, dogmática, jurisprudência e legislação, se justifica, ao passo que,

---

[6] LA RUE, Frank. Report of the Special Rapporteur on the promotion and protection of the right to freedom of opinion and expression. United Nations Human Rights Council. Session 17. A/HRC/17/27, 2011.

inicialmente o arcabouço teórico sobre os direitos fundamentais é amplo e necessário para definir a base conceitual desses direitos; a seguir, ainda que seja tema não assentado na jurisprudência, é interessante a análise dos aspectos gerais aplicados pelos Tribunais Superiores Pátrios, e no direito comparado, como exemplo, o Tribunal Federal Alemão (*Bundesverfassungsgericht*), qual já decidiu afirmando o acesso à internet como mínimo existencial representando o acesso à informação, ao conhecimento, e outros[7]; e, por fim, devido ao que tem-se debatido nos Parlamentos internacionais, e no Poder Legislativo Brasileiro, inclusive com Proposta de Emenda à Constituição tramitando no Congresso Nacional.

Mister enfatizar que, ao desenvolver este livro, se utilizará a concepção de "direitos fundamentais" como conceito dado aos direitos humanos positivado no âmbito nacional - no caso do Brasil, necessariamente pelas normas constitucionais - atribuindo à expressão "direitos humanos", esses mesmos direitos, mas no âmbito da filosofia política e das ciências sociais de um modo geral, bem como no plano do direito internacional[8]. Isto porque, além de ser o termo adotado pela primeira vez, pelo constituinte brasileiro na Carta de 1988, o que revela sua opção[9],

---

[7] SARLET, Ingo Wolfgang. **Evolução, desafios e perspectivas da Constituição.** Palestra proferida no XV Congresso de Direito Constitucional do Instituto Brasiliense de Direito Público. Brasília. 21 set. 2012.

[8] SARLET, Ingo Wolfgang. **Curso de Direito Constitucional.** São Paulo: Revista dos Tribunais, 2012, p. 249.

[9] No Brasil, a Carta de 1824, no art. 178, definia como os *direitos políticos e individuais*; a Carta Republicana de 1891 se limitava a trazer *declaração de direitos*; a Constituição de 1934, trazia o Título III, *declaração de direitos* que continha um capítulo intitulado *dos direitos e garantias individuais*; a de 1937

e ser concepção amplamente aceita na literatura[10], esta distinção corrobora com argumentação a ser expendida na presente obra, principalmente, tendo em vista que sua definição de conteúdo e significado é também aplicada em parte dos textos dos documentos que serão analisados, a citar, as Resoluções da Organização das Nações Unidas (ONU) e as Propostas de Emenda à Constituição.

---

também possuía um capítulo intitulado *dos direitos e garantias individuais*; a de Carta de 1946 repetia a de 1934, mas mencionava, expressamente os *direitos fundamentais do homem*, no art. 143, § 13º. A Constituição de 1967/69 definiu como *direitos e garantias individuais*, trazendo ambas, os *direitos fundamentais do homem*, embora em dispositivos diferentes.

[10] ALEXY, Robert. **Colisão e ponderação como problema fundamental da dogmática dos direitos fundamentais.** Palestra proferida na Fundação Casa de Rui Barbosa. Rio de Janeiro. 10 dez. 1998, p. 6; CANOTILHO, José Joaquim Gomes. CANOTILHO, José Joaquim Gomes. **Direito constitucional e teoria da Constituição.** 5. ed. Coimbra: Almedina. p. 528; PÉREZ LUÑO, Antonio-Enrique. **Derechos humanos, Estado de Derecho y Constitución.** 6. ed. Madrid: Tecnos, 1999. p. 31; SAMPAIO, José Adércio Leite. **Teoria da Constituição e dos Direitos Fundamentais.** Belo Horizonte: Del Rey, 2013. p. 548; SARLET, Ingo Wolfgang. **Curso de Direito Constitucional.** São Paulo: Revista dos Tribunais, 2012. p. 251.

CAPÍTULO 1

BREVE HISTÓRICO DOS DIREITOS FUNDAMENTAIS

A abordagem histórica, ainda que de forma breve, é imprescindível, dado o caráter essencial da historicidade no desenvolvimento e concepção dos direitos fundamentais. O estudo temporal permite delinear o incremento e a ampliação do rol de direitos face a uma nova necessidade e realidade social em um contexto específico. Admite, ainda, uma análise pormenorizada das características essenciais dos direitos fundamentais, a influenciar no reconhecimento de tantas outras garantias, dentre elas, o acesso à internet dentro do plano normativo e do contexto histórico nacional.

De início, forçoso denotar que a ascensão dos direitos é fruto do triunfo de lutas e de rebeliões, é o produto de aspirações e necessidades que se articularam diante de reivindicações e estandartes, em consequência de um processo histórico cheio de vicissitude[11]. Infere-se, pois, que os direitos humanos não são um dado, mas um construído, uma invenção humana, em constante processo de construção e reconstrução[12].

A concepção de direitos fundamentais presente no constitucionalismo, embora tenha como marco inicial o século XVIII, com a afirmação dos "direitos do homem", é possível indicar traços que remontam à Antiguidade[13], em obras que trazem referência a um Direito superior, não estabelecido pelos homens, mas dado a estes pelos deuses[14].

O entendimento de um Direito independente da vontade humana perdurou por toda a Idade Média, fortalecido pela filosofia cristã, a qual pregava, segundo os ensinamentos bíblicos, a igualdade fundamental de natureza entre todos os homens, criados à imagem e semelhança de Deus, bem como defendia a liberdade fundamental de fazer o bem, ou de não o fazer[15].

---

[11] SACHS, Ignacy. **Desenvolvimento, direitos humanos e cidadania.** In: *Direitos humanos no século XXI*, Brasília: Instituto de Pesquisas de Relações Internacionais e Fundação Alexandre de Gusmão, 1998. p. 156.

[12] ARENDT, 1979 apud Flávia PIOVESAN. **Temas de direitos humanos.** 5. ed. São Paulo: Saraiva, 2012. p. 174.

[13] Sem desconhecer que tais ideias não transpassaram o plano filosófico e, ainda, não indicavam um consenso entre os autores, o que se comprova das escritas de Platão e Aristóteles, na obra *A política*, que consideravam o estatuto da escravidão algo natural. (ARISTÓTELES, 1965 apud Joaquim José Gomes CANOTILHO. **Direito constitucional e teoria da Constituição.** 7. ed. Coimbra: Almedina, 2003. p. 380-381).

[14] Neste sentido, Manoel Gonçalves FERREIRA FILHO indica as obras: *Antígona*, de Sófocles; e, *De legibus*, Livro I, de Cícero. (**Direitos humanos fundamentais.** 14. ed. São Paulo: Saraiva, 2012. p. 28).

[15] FERREIRA FILHO, Manoel Gonçalves. **Curso de Direito Constitucional.** 38. ed. rev. e atual. São Paulo: Saraiva, 2012. p. 255-256.

A afirmação dos direitos do homem, de forma inequívoca, deriva de uma radical inversão de perspectiva na representação política, ou seja, na relação Estado/cidadão ou soberano/súditos, ultrapassando as ideias da Idade Média, e priorizando os direitos dos cidadãos não mais como súditos, mas como indivíduos em si considerados, em detrimento do Estado/Soberano[16]. Essa inversão de perspectiva, que a partir de então se tornou irreversível, é provocada no início da formação do Estado Moderno, principalmente pelas guerras de religião, por meio das quais vai firmando-se resistência à opressão, a qual pressupõe um direito ainda mais substancial e originário, o direito do indivíduo a não ser oprimido, ou seja, a gozar de algumas "liberdades fundamentais", cominando na afirmação do modelo jusnaturalista em contraponto ao modelo aristotélico[17].

Tais fatores, somados ao contexto econômico da época, qual seja o crescimento econômico em razão das invenções (em particular a máquina a vapor)[18], bem como às teorias contratualistas, principalmente de Thomas Hobbes, John Locke e Jean-Jacques Rousseau, enfatizam a submissão da autoridade política à primazia que se atribui ao indivíduo sobre o Estado[19].

---

[16] BOBBIO, Norberto. **A Era dos Direitos.** Traduzido por Carlos Nelson Coutinho. 7. reimpressão. Nova ed. Rio de Janeiro: Elsevier, 2004. p. 8.
[17] BOBBIO, Norberto. **A Era dos Direitos.** Traduzido por Carlos Nelson Coutinho. 7. reimpressão. Nova ed. Rio de Janeiro: Elsevier, 2004. p. 8.
[18] FERREIRA FILHO, Manoel Gonçalves. **Curso de Direito Constitucional.** 38. ed. rev. e atual. São Paulo: Saraiva, 2012. p. 256.
[19] MENDES, Gilmar Ferreira; BRANCO, Paulo Gustavo Gonet. **Curso de Direito Constitucional.** 7. ed. São Paulo: Saraiva, 2012. p. 154.

É nesse contexto - de excessos do Absolutismo, da base filosófico-religiosa, e do desenvolvimento econômico -, que a concepção individualista da sociedade se dilatou no século seguinte, em especial, quando se tornou base da reformulação das instituições políticas de cada Estado. No entanto, é inegável que o reconhecimento dos direitos do cidadão no mundo, ou seja, o conceito como direitos fundamentais propriamente ditos, se deu com a Revolução Francesa, e com a respectiva Declaração Universal dos Direitos do Homem, de 1789[20].

Muito embora se reconheça que, historicamente, as primeiras declarações de direitos foram as americanas - iniciada com a Declaração dos Direitos de Virgínia, de 12 de junho de 1776 - que influenciaram, sem dúvida, o curso dos acontecimentos franceses; a Declaração francesa teve por si "o esplendor das fórmulas e da língua, a generosidade de seu universalismo" e por isso foi eleita e copiada[21].

Bem por isso, Bobbio, afirma que, somente depois da Declaração Universal de Direitos é possível ter a certeza histórica de que toda a humanidade partilha alguns valores comuns; e, que a crença na universalidade dos valores é historicamente legítima, não há, pois, que se falar em um dado objetivo, mas sim algo subjetivamente acolhido pelo universo dos homens[22].

---

[20] BOBBIO, Norberto. **A Era dos Direitos.** Traduzido por Carlos Nelson Coutinho. 7. reimpressão. Nova ed. Rio de Janeiro: Elsevier, 2004. p. 8-9.
[21] FERREIRA FILHO, Manoel Gonçalves. **Direitos humanos fundamentais.** 14. ed. São Paulo: Saraiva, 2012. p. 38.
[22] BOBBIO, Norberto. **A Era dos Direitos.** Traduzido por Carlos Nelson Coutinho. 7. reimpressão. Nova ed. Rio de Janeiro: Elsevier, 2004. p.18.

A partir deste momento, é possível observar que o regime constitucional passa a ser associado à garantia dos direitos fundamentais, o que se comprova da vinculação à proteção dos direitos individuais a própria existência de uma Constituição na Declaração Francesa[23], bem como, da imposição desses direitos como base do "governo", no preâmbulo da Declaração de Virgínia[24].

Seguindo essa linha de raciocínio, as declarações de direitos são um dos traços mais característicos do Constitucionalismo e um dos documentos essenciais para a compreensão dos movimentos que o geraram[25].

Assim, a doutrina dos direitos fundamentais, na tentativa de incorporar desafios, apresentou soluções, é certo que, nem sempre estas foram consagradas desde o início com amplo alcance. Karel Vasak, na tentativa de "classificar" diferentes momentos históricos, denominou a evolução desses direitos, a partir dessa constitucionalização, de "geração dos direitos fundamentais"[26]. Concepção que a partir de então tem sido amplamente utilizada na literatura.

---

[23] Como se constata do art. 16º, que cita: "Art. 16º A sociedade em que não esteja assegurada a garantia dos direitos nem estabelecida a separação dos poderes não tem Constituição".

[24] "Dos direitos que nos devem pertencer a nós e à nossa posteridade, e que devem ser considerados como o fundamento e a base do governo, feito pelos representantes do bom povo da Virgínia, reunidos em plena e livre convenção".

[25] FERREIRA FILHO, Manoel Gonçalves. **Curso de Direito Constitucional.** 38. ed. rev. e atual. São Paulo: Saraiva, 2012. p. 255.

[26] VASAK, 1979 apud SARLET, Ingo Wolfgang. (**Curso de Direito Constitucional.** São Paulo: Revista dos Tribunais, 2012. p. 258).

1.1 As Dimensões dos Direitos Fundamentais

Ressaltando novamente ao caráter interpenetrativo e harmônico desta classificação [27], vez que, as dimensões se interligam e se influenciam, é válido notar que é acordado no ramo jurídico - seja no plano teórico, seja na jurisprudência - a comprovação de três dimensões dos direitos fundamentais.

Cada dimensão se deparou com necessidades específicas dado o seu momento histórico, assumindo os desafios de suprir aos anseios da sociedade. A primeira, enfrentou o problema do arbítrio governamental, com os direitos de liberdade; a segunda, a questão dos extremos desníveis sociais, com os direitos econômicos e sociais; a terceira, contra a deterioração da qualidade da vida humana e outras mazelas, com os direitos de solidariedade. Quase um prognóstico do lema da Revolução Francesa - liberdade, igualdade e fraternidade.

Com o propósito de contextualizar e reconhecer o pleito social de cada dimensão, explanar-se-á o contexto histórico em que se deram, a permitir a constatação do desenvolvimento e ampliação do rol de direitos fundamentais.

A primeira dimensão, é principalmente, perfilhada nas revoluções liberais - Francesa e Norte-americana - ocorridas no final do Século XVIII, tendo a burguesia na vanguarda das

---

[27] MIRANDA, Jorge. **Manual de direito constitucional**. Tomo IV. 3. ed. Coimbra: Coimbra Editora, 2000. p. 24.

reinvindicações, no sentido de limitar os poderes do Estado em prol do respeito às liberdades individuais.

A burguesia fundamentava que a sociedade só poderia se regulamentar caso seus membros estivessem face a face de forma igualitária e livre, razão pela qual o direito era necessário apenas como garantia de igual liberdade individual[28]. Por isso, tais direitos se traduzem em normas de abstenção dos governantes, criando obrigações de não fazer, de não intervir sobre aspectos da vida pessoal de cada indivíduo[29].

Ademais, são considerados indispensáveis a todos os homens, demonstrando, pois, em um primeiro momento, pretensão universalista subjetiva, como se verá abaixo, quando da análise das características dos direitos fundamentais.

Conforme destaca Paulo Gustavo Gonet Branco, "são direitos em que não desponta a preocupação com desigualdades sociais. O paradigma de titular desses direitos é o homem individualmente considerado". Referem-se, a liberdades individuais, como a de consciência, de reunião, e à inviolabilidade de domicílio[30]. Por este motivo, são apresentados como direitos de cunho "negativo", vez que dirigidos à abstenção dos poderes

---

[28] GRIMM, Dieter. **Constituição e política**. Traduzido por Geraldo de Carvalho. Belo Horizonte: Del Rey, 2006. p. 9.
[29] MENDES, Gilmar Ferreira; BRANCO, Paulo Gustavo Gonet. **Curso de Direito Constitucional**. 7. ed. São Paulo: Saraiva, 2012. p.155.
[30] MENDES, Gilmar Ferreira; BRANCO, Paulo Gustavo Gonet. **Curso de Direito Constitucional**. 7. ed. São Paulo: Saraiva, 2012. p.155.

públicos, sendo, neste sentido, "direitos de resistência ou de oposição perante o Estado"[31].

A seguir, o descaso com os problemas sociais, que veio a caracterizar o *État Gendarme* (estado-guardião), associado ao impacto da industrialização e do crescimento demográfico, contribuiu para o agravamento das disparidades no interior da sociedade[32]. As máquinas, que inicialmente representaram um desenvolvimento econômico, ao se tornarem mais "eficazes" a ponto de suprir a necessidade de muitas pessoas para a execução de uma função, gerou um aumento na mão-de-obra disponível, forçando os desempregados a aceitarem salários ínfimos para longo tempo de serviço, devido à concorrência, bem como, a necessidade de todos os membros da família, inclusive crianças, de alguma forma empregar-se, para que houvesse alimento para todos[33].

Tal insatisfação corroborou à constatação de que a consagração formal de liberdade e igualdade não gerava a garantia do seu efetivo gozo, gerando amplos movimentos reivindicatórios de uma proteção do economicamente fraco, por intermédio de uma atuação positiva do Estado[34]. A esta assunção pelo Estado de direitos "econômicos e sociais" variados, como

---

[31] SARLET, Ingo Wolfgang. **Curso de Direito Constitucional**. São Paulo: Revista dos Tribunais, 2012. p. 260.
[32] MENDES, Gilmar Ferreira; BRANCO, Paulo Gustavo Gonet. **Curso de Direito Constitucional**. 7. ed. São Paulo: Saraiva, 2012. p. 155.
[33] FERREIRA FILHO, Manoel Gonçalves. **Curso de Direito Constitucional**. 38. ed. rev. e atual. São Paulo: Saraiva, 2012. p. 258.
[34] SARLET, Ingo Wolfgang. **Curso de Direito Constitucional**. São Paulo: Revista dos Tribunais, 2012. p. 261.

exemplos, a assistência social, a saúde, a educação, o trabalho etc., se denominou segunda dimensão dos direitos fundamentais. Ou seja, ao lado de direitos que impunham ao Estado limitações, que lhe determinavam abstenção - um não fazer -, foram reconhecidos direitos a prestações positivas do Estado[35], qual deve, por muitas vezes, promover tais direitos por meio de criação ou ampliação de serviços públicos.

Nesta dimensão o princípio da igualdade ganha destaque, isso porque, somada à necessidade de prestações positivas e de reconhecimento de liberdades sociais, há a necessidade da identificação de diferenças entre os indivíduos, requisitando uma especialização de natureza subjetiva de modo a resguardar os necessitados ou marginalizados (v.g. minorias, idosos, crianças, doentes, mulheres)[36].

Por fim, os direitos da terceira dimensão peculiarizam-se pelo caráter prioritário da titularidade transindividual (coletiva ou difusa), destinados à proteção do gênero humano. Embora haja dissenso na literatura quanto à definição de quais direitos se incluiriam nesta dimensão, havendo inclusive quem os conteste como falsos direitos fundamentais[37], sinaliza como o melhor entendimento, o que reconhece, aqui, o direito à paz, ao

---

[35] FERREIRA FILHO, Manoel Gonçalves. **Curso de Direito Constitucional**. 38. ed. rev. e atual. São Paulo: Saraiva, 2012. p. 258.
[36] SAMPAIO, José Adércio Leite. **Teoria da Constituição e dos Direitos Fundamentais**. Belo Horizonte: Del Rey, 2013. p. 570.
[37] PELLOUX apud FERREIRA FILHO, Manoel Gonçalves. **Direitos humanos fundamentais**. 14. ed. São Paulo: Saraiva, 2012. p. 71.

desenvolvimento, à qualidade do meio ambiente, à conservação do patrimônio histórico e cultural[38].

Não obstante seja entendimento singular, vale observar teoria de Paulo Bonavides, a qual afirma a existência da quarta e da quinta dimensão. Sendo aquela referente à democracia, informação e pluralismo, introduzidos no âmbito jurídico em razão da globalização política[39], e esta, referente à paz[40]. E, em outro enfoque, José Alcebíades de Oliveira Junior, inclui em uma quarta dimensão, os direitos relacionados à biotecnologia, e na quinta direitos decorrentes da realidade virtual[41].

Ademais, devido a correlação que tem com a presente obra, e sem a intenção de se aprofundar no dissenso, mister realçar literatura de Howard Anawalt e Saied Neshat, que considerando o impacto que a revolução tecnológica produziu nas relações humanas, e na dogmática, reconhece o direito fundamental de quarta geração "à comunicação" (*right to communicate*), o qual assegura os direitos democráticos de acesso universal às tecnologias de comunicação, informação, acesso à internet e demais mídias[42].

---

[38] A denominação *direitos de terceira geração* já foi adotada no STF, assim se classificando o direito ao meio ambiente ecologicamente equilibrado. RE n. 134.297, Celso de Mello, DJ 22.9.1995, e MS n. 22.164-0/SP, Celso de Mello, DJ 17.11.1995.

[39] **Curso de Direito Constitucional Positivo**. 15. ed. São Paulo: Malheiros, 2004. p. 526.

[40] BONAVIDES, Paulo. **Quinta Geração de Direitos Fundamentais**. Revista Brasileira de Direitos Fundamentais e Justiça, n. 3, p. 82-93, 2008.

[41] OLIVEIRA JÚNIOR, José Alcebíades de. **Teoria Jurídica e Novos Direitos**. Rio de Janeiro: Lumen Juris, 2000. p. 86.

[42] ANAWALT, Howard C. **"The right to communicate"**. Denver Journal of International Law and Policy, v.13, Winter, p. 219-236, 1985; NESHAT, Saied N.

Por fim, cabe a feliz advertência, de que, pode ocorrer, que "alguns chamados novos direitos sejam apenas os antigos adaptados às novas exigências do momento"[43].

Right to communicate: Human rights within an information Society: From Exclusion to Inclusion. In: Iranian Civil Society Organization. Articles, 2003.

[43] MENDES, Gilmar Ferreira; BRANCO, Paulo Gustavo Gonet. **Curso de Direito Constitucional.** 7. ed. São Paulo: Saraiva, 2012. p. 156.

CAPÍTULO 2

O DIREITO FUNDAMENTAL NO SISTEMA CONSTITUCIONAL BRASILEIRO

A conceituação do direito fundamental perpassa por duas concepções. A primeira, denominada fundamentalidade material, refere-se à definição de direito fundamental em razão de influências históricas, filosóficas e econômicas do momento em que se é proposto a analisá-las; a segunda, classificada como fundamentalidade formal, é atinente ao reconhecimento no direito constitucional do Estado [44]. Assim, denominar-se-á direito fundamental aquele que apresentar ambas as concepções dentro de um certo ordenamento constitucional[45].

Entende-se, pois, por **direitos formalmente fundamentais** aqueles direitos consagrados e reconhecidos pela constituição como tais; enunciados e protegidos por normas com

---

[44] Cabe relembrar a distinção terminológica de "direito fundamentais" e "direitos humanos" adotada por este livro.
[45] SARLET, Ingo Wolfgang. **Curso de Direito Constitucional.** São Paulo: Revista dos Tribunais, 2012. p. 266.

valor constitucional formal, ou seja, normas que têm a forma constitucional[46].

Por outro lado, a significação do que é um **direito materialmente fundamental** depende necessariamente da concepção acertada aos "direitos humanos", o que se mostra tarefa extremamente complexa. Entre os motivos desse empecilho, Bobbio, destaca a imprecisão da expressão "direitos do homem", bem como, que os termos avaliativos são interpretados de modo diverso, conforme a ideologia assumida pelo intérprete[47].

A fim de melhor esboçar a intricada empreitada, basta citar as arrematações de Jorge Miranda em relação às múltiplas concepções filosóficas e a respectiva concepção de direitos humanos. Delineia, assim, que para os jusnaturalistas, os direitos do homem são vistos como imperativos de Direito natural, anteriores e superiores a vontade do Estado; para os positivistas, os direitos do homem são faculdades outorgadas e reguladas pela lei positivada; para os idealistas, os direitos do homem representam uma ideia que se projeta sobre o processo histórico; para os realistas, os direitos do homem são expressão da experiência ou das lutas políticas, econômicas e sociais; para os objetivistas, os direitos do homem seriam realidades em si, valores objetivos ou decorrências de valores; para os

---

[46] CANOTILHO, José Joaquim Gomes. **Direito constitucional e teoria da Constituição.** 7. ed. Coimbra: Almedina, 2003. p. 403-404.
[47] BOBBIO, Norberto. **A Era dos Direitos.** Traduzido por Carlos Nelson Coutinho. 7. reimpressão. Nova ed. Rio de Janeiro: Elsevier, 2004. p. 13.

subjetivistas, os direitos do homem representam faculdades da vontade humana ou manifestações de autonomia; para os contratualistas, os direitos do homem seriam resultado do contrato social, como a contrapartida para o homem da sua integração na sociedade; e por fim, para os institucionalistas, os direitos do homem seriam instituições inerentes à vida comunitária[48].

Por isso, se mostra oportuna a construção de um conceito material de direitos fundamentais, a partir da análise da circunstância desses direitos conterem, ou não, decisões fundamentais sobre a estrutura do Estado e da sociedade, tendo como alicerce a pessoa humana[49]. Tais direitos são, então, pretensões que, em cada momento histórico, se descobrem a partir da perspectiva do valor da dignidade humana[50].

Neste norte, tendo como contexto a carga valorativa que a Constituição Cidadã destaca a esses direitos - como se prova do próprio nome dado a esta por Ulysses Guimarães na constituinte -, parece correta a afirmação de que os direitos fundamentais têm a função de desenvolver e assegurar a dignidade da pessoa humana no ordenamento jurídico brasileiro[51], ainda mais, por cumprir melhor a função legitimante

---

[48] MIRANDA, Jorge. **Manual de direito constitucional.** Tomo IV. 3. ed. Coimbra: Coimbra Editora, 2000. p. 42-23.

[49] SARLET, Ingo Wolfgang. **Curso de Direito Constitucional.** São Paulo: Revista dos Tribunais, 2012. p. 267-268.

[50] MENDES, Gilmar Ferreira; BRANCO, Paulo Gustavo Gonet. **Curso de Direito Constitucional.** 7. ed. São Paulo: Saraiva, 2012. p. 159.

[51] AGRA, Walber de Moura. **Tratado de direito constitucional.** Coordenadores Ives Gandra da Silva MARTINS; Gilmar Ferreira MENDES; Carlos Valder do NASCIMENTO. v. 1. 2. ed. São Paulo: Saraiva, 2012. p. 783.

desses direitos, acenando, inclusive, à primazia deste princípio hermenêutico quando da sua interpretação[52].

Cabe ressaltar que, essa concepção de direito fundamental atrelada ao princípio da dignidade da pessoa humana, embora bem acolhida pela literatura[53], é objeto de crítica por autores abalizados.

A carrear o rol de doutrinadores que defendem a inadequação da vinculação, destaca-se Canotilho, o qual explicita a limitação do conceito face ao atrelamento, bem como alude a imposição de se reconhecer a identidade entre os direitos fundamentais coletivos com a ideia de dignidade humana, o que torna a distinção desprovida de resultados práticos [54]. Corroborando à tese de impropriedade de vinculação, Carl Schmidt afirma que os direitos fundamentais são "apenas aqueles direitos que constituem fundamento do próprio Estado, e que por isso, e como tal são, reconhecidos pela Constituição"[55].

---

[52] SAMPAIO, José Adércio Leite. **Teoria da Constituição e dos Direitos Fundamentais.** Belo Horizonte: Del Rey, 2013. p. 550.

[53] Nesta linha, José Carlos Vieira de ANDRADE (**Os direitos fundamentais na Constituição portuguesa de 1976.** Coimbra: Almedina, 1987); Gilmar Ferreira MENDES, Paulo Gustavo Gonet BRANCO (**Curso de Direito Constitucional.** 7. ed. São Paulo: Saraiva, 2012); Ingo Wolfgang SARLET (**A Eficácia dos Direitos Fundamentais.** 11. ed. Porto Alegre: Livraria do Advogado, 2012); José Afonso da SILVA (**Curso de Direito Constitucional Positivo.** 22 ed. São Paulo: Malheiros, 2008); Jorge MIRANDA (**Manual de direito constitucional.** Tomo IV. 3. ed. Coimbra: Coimbra Editora, 2000).

[54] CANOTILHO, José Joaquim Gomes. **Direito constitucional e teoria da Constituição.** 7. ed. Coimbra: Almedina, 2003. p. 407.

[55] SCHMIDT, 1973 apud ALEXY, Robert. **Teoria dos direitos fundamentais.** Traduzido por Virgílio Afonso da Silva. São Paulo: Malheiros, 2006. p. 66.

Desta concepção material, somada ao disposto no § 2º do art. 5º, da Carta[56], é possível afirmar a existência de outros direitos fundamentais além dos enumerados, direitos estes implícitos. Bem por isso, Ingo Sarlet aponta duas espécies de direitos fundamentais: direitos formal e materialmente fundamentais, porque expressamente positivados na constituição, ou outros diplomas jurídico-normativos de natureza constitucional; e, direitos apenas materialmente fundamentais, no sentido de direitos que não estão sediados no texto constitucional[57].

2.1 Classificação Doutrinária dos Direitos Fundamentais.

Os direitos fundamentais são assinalados por múltiplas concepções, o que justifica a vasta produção literária a respeito de sua estrutura e classificação. A fim de não extrapolar a proposta pela qual a presente obra se propôs, tratar-se-á de duas classificações importantes, quais sejam: a teoria dos quatro *status* de Jellinek, e os direitos de defesa e prestação.

---

[56] Art. 5º [...]. § 2º Os direitos e garantias expressos nesta Constituição não excluem outros decorrentes do regime e dos princípios por ela adotados, ou dos tratados internacionais em que a República Federativa do Brasil seja parte.
[57] Neste sentido, Ingo SARLET, citando José Carlos Vieira de ANDRADE e Ricardo Lobo TORRES, lembra literatura que advoga a existência de uma terceira categoria, qual seja a dos direitos apenas formalmente fundamentais, que, embora previstos no texto constitucional, não teriam afinidade direta com a dignidade da pessoa humana e valores fundamentais compartilhados pela sociedade brasileira e pela comunidade internacional. (**Curso de Direito Constitucional**. São Paulo: Revista dos Tribunais, 2012. p. 271).

Georg Jellinek, no final do século XIX, desenvolveu a sistematização dos quatro *status*[58]. A teoria consiste em qualificar o indivíduo consoante à relação em que encontra com o Estado, e, a partir desses *status*, aponta direitos e deveres do primeiro em relação ao último. Válido informar que essa classificação foi imprescindível para o desenvolvimento doutrinário acerca do tema.

Os quatro *status,* advindos da relação entre o cidadão e o Estado, são: **ativo** no qual, o indivíduo possui, frente ao Estado, certa competência para influir sobre a formação de vontade, como por exemplo o seu direito de voto, mais precisamente os seus direitos políticos[59]; **passivo**, no qual, o indivíduo está em "posição de sujeição" em face do Estado, que por sua vez pode vincular o indivíduo a certas proibições e mandamentos[60]; **positivo,** neste, se reconhece "a capacidade jurídica para recorrer ao aparato estatal e utilizar as instituições estatais" ou seja, o indivíduo pode exigir do Estado certas prestações, e o esse pode agir em seu favor[61]; e, **negativo**, que é "formado exclusivamente por faculdades, ou seja, por

---

[58] Segundo Jellinek *status* é "alguma forma de relação entre o cidadão e o Estado", e, por ser uma relação que qualifica o indivíduo, é uma situação e não um direito, assim, o *status* tem como conteúdo o "ser" e não o "ter" jurídico da pessoa. (ALEXY, Robert. **Teoria dos direitos fundamentais.** Traduzido por Virgílio Afonso da Silva. São Paulo: Malheiros, 2006. p. 255).
[59] JELLINEK apud MENDES, Gilmar Ferreira; BRANCO, Paulo Gustavo Gonet. **Curso de Direito Constitucional.** 7. ed. São Paulo: Saraiva, 2012. p. 178.
[60] ALEXY, Robert. **Teoria dos direitos fundamentais.** Traduzido por Virgílio Afonso da Silva. São Paulo: Malheiros, 2006. p. 256-257.
[61] ALEXY, Robert. **Teoria dos direitos fundamentais.** Traduzido por Virgílio Afonso da Silva. São Paulo: Malheiros, 2006. p. 263-267.

liberdades jurídicas não protegidas", assim, o indivíduo possui certa liberdade frente as interferências do Estado[62].

Outra classificação importante alude aos **direitos de defesa** e **direitos a prestações**. Ademais, cabe citar que parte da doutrina suscita, ainda, o direito a participação como terceira categoria[63].

Os direitos de defesa caracterizam-se por exigir do Estado, preponderantemente, um dever de abstenção, impedindo sua interferência na autonomia dos indivíduos. Esses direitos, segundo Canotilho, cumprem duas funções essenciais, constituem, uma imposição negativa para os poderes públicos, proibindo fundamentalmente as ingerências destes na esfera jurídica individual; e, asseguram o poder de exercer os direitos fundamentais sem agressões lesivas por parte dos poderes públicos[64].

Na ordem jurídica nacional, estes direitos de defesa estão contidos, em grande medida, no art. 5º, da Constituição Federal de 1988 (CF). Dentre esses, oportuno citar o direito de não ser obrigado a agir ou deixar de agir pelos Poderes Públicos,

---

[62] ALEXY, Robert. **Teoria dos direitos fundamentais**. Traduzido por Virgílio Afonso da Silva. São Paulo: Malheiros, 2006. p. 258-262.

[63] Dimitri DIMOULIS e Leonardo MARTINS situam os direitos políticos na categoria de direitos a participação. (**Teoria Geral dos Direitos Fundamentais**. São Paulo: Revista dos Tribunais, 2007. p. 68-71). No entanto, conforme melhor entendimento, esses direitos já se situam entre os direitos à prestação ou entre os de defesa. (ALEXY, Robert. **Teoria dos direitos fundamentais**. Traduzido por Virgílio Afonso da Silva. São Paulo: Malheiros, 2006); também, Ingo Wolfgang SARLET. (**A Eficácia dos Direitos Fundamentais**. 11. ed. Porto Alegre: Livraria do Advogado, 2012).

[64] CANOTILHO, José Joaquim Gomes. **Direito constitucional e teoria da Constituição**. 7. ed. Coimbra: Almedina, 2003. p. 407-408.

senão em virtude de lei (inc. II); o de não ser submetido a tortura, nem a tratamento desumano ou degradante (inc. III); e, o de liberdade de manifestação de pensamento (inc. IV).

Por sua vez, os direitos a prestações impõem um dever de agir ao Estado. Tais direitos impõem ao Estado condutas ativas para o acesso a estes, seja para a proteção de certos bens jurídicos contra terceiros, seja para a promoção ou garantia das condições de fruição destes bens [65]. São, assim, direitos correspondentes à teia de relações sociais em que a pessoa necessita para realizar a sua vida em todas as suas potencialidades, sem as quais não poderia alcançar e fruir os bens econômicos, culturais e sociais de que necessita[66].

Quando exigirem prestação positiva estatal, esta poderá ser uma prestação material ou uma prestação jurídica. Os direitos a <u>prestações materiais</u>[67] são tidos como os direitos sociais por excelência[68], isso porque, são previstos com a árdua finalidade de atenuar desigualdades fáticas, ao passo que, visam assegurar o gozo da liberdade efetiva por um maior número de indivíduos[69].

---

[65] MENDES, Gilmar Ferreira; BRANCO, Paulo Gustavo Gonet. **Curso de Direito Constitucional.** 7. ed. São Paulo: Saraiva, 2012. p. 181.

[66] MIRANDA, Jorge. **Manual de direito constitucional.** Tomo IV. 3. ed. Coimbra: Coimbra Editora, 2000. p. 90.

[67] Os direitos a prestações materiais também são chamadas de direitos a prestação em sentido estrito. (MENDES, Gilmar Ferreira; BRANCO, Paulo Gustavo Gonet. **Curso de Direito Constitucional.** 7. ed. São Paulo: Saraiva, 2012. p. 181).

[68] ANDRADE, José Carlos Vieira de. **Os direitos fundamentais na Constituição portuguesa de 1976.** Coimbra: Almedina, 1987. p. 200.

[69] ANDRADE, 1987 apud MENDES, Gilmar Ferreira; BRANCO, Paulo Gustavo Gonet. **Curso de Direito Constitucional.** 7. ed. São Paulo: Saraiva, 2012. p. 183.

Na Constituição Cidadã é possível apontar, como exemplo, os direitos enumerados no art. 6º, o direito à educação, à saúde, ao trabalho, ao lazer, à segurança, à previdência social, à proteção à maternidade, à infância e o direito dos desamparados à assistência.

Cabe ressaltar a problemática envolvida na efetivação desses direitos, isso porque, em maioria, são direitos dependentes da existência de uma dada situação econômica favorável à sua efetivação, o que os tornam dependentes da interposição do legislador para produzir efeitos plenos. Essa decisão alocativa contextual e econômica é denominada de reserva do possível, ou seja, serão efetuadas medidas práticas tanto quanto permitam as disponibilidades materiais do Estado[70].

Bem por isso, "não cabe, em princípio, ao Judiciário extrair direitos subjetivos das normas constitucionais que cogitam de direitos não originários a prestação"[71].

Isso não significa que essas normas sejam desprovidas de toda eficácia. Posto que, servem de parâmetro de controle da constitucionalidade de medidas restritivas desses direitos; revogam normas anteriores incompatíveis com os programas de

---

[70] MENDES, Gilmar Ferreira; BRANCO, Paulo Gustavo Gonet. **Curso de Direito Constitucional.** 7. ed. São Paulo: Saraiva, 2012. p. 183-186.

[71] Por isso, Paulo Gustavo Gonet BRANCO e Gilmar Ferreira MENDES, destacam literatura que afirma que os direitos sociais (identificados com os de prestação material) só existem quando as leis e as políticas sociais os garantem. Já que, nessa justa medida, os direitos a prestação material terminam por se aparentar aos direitos a prestação normativa. (**Curso de Direito Constitucional.** 7. ed. São Paulo: Saraiva, 2012. p. 182).

ação que exaltam; e, atuam como modelo interpretativo das demais normas do ordenamento jurídico[72].

Neste sentido, o caráter de defesa entrevisto nos direitos à prestação material é enfatizado, também, por quem defende a cláusula de proibição do retrocesso. Assim, é, em tese, possível o controle jurisdicional das opções legislativas de concretização desses direitos, tomando as próprias normas constitucionais que os preveem como parâmetro[73].

Por outro lado, a literatura e a jurisprudência têm buscado atenuar a reserva do possível, com a teoria do "grau mínimo de efetividade dos direitos a prestação material"[74].

Por fim, as <u>prestações jurídicas</u> consistem na criação de normas jurídicas para tutelar interesses individuais, a citar, as normas jurídicas penais, de organização, de procedimento, regulamentação das relações de trabalho, que visam coibir práticas que violem direitos e liberdade fundamentais.

2.2 Características dos Direitos Fundamentais

A priori cabe destacar que em razão de inúmeras

---

[72] As normas em tela apresentam um lado de norma de defesa, na medida em que propiciam que se exija do Estado que não adote políticas contrárias ao que proclamam esses direitos. Daí já se ter sustentado que normas enfeixadas em políticas de recessão, contrárias à política de pleno emprego, por exemplo, poderiam ser consideradas ilegítimas (SARLET, Ingo Wolfgang. **A Eficácia dos Direitos Fundamentais.** 5. ed. Porto Alegre: Livraria do Advogado, 2012, p. 271).
[73] MENDES, Gilmar Ferreira; BRANCO, Paulo Gustavo Gonet. **Curso de Direito Constitucional.** 7. ed. São Paulo: Saraiva, 2012. p. 186-187.
[74] CANOTILHO apud MENDES, Gilmar Ferreira; BRANCO, Paulo Gustavo Gonet. **Curso de Direito Constitucional.** 7. ed. São Paulo: Saraiva, 2012. p.187.

concepções dos direitos fundamentais, esses apresentam distintas características, impossibilitando a atribuição de um rol legítimo de forma uníssona a todos os ordenamentos. No entanto, mesmo frente a tal dissenso, a abordagem histórica-filosófica permite elencar traços que se repetem e transparecem em todos os direitos fundamentais.

A elucidação das características que se perpetuam dentre os direitos fundamentais varia em consonância à pré-compreensão do estudioso quanto à valoração do ser humano e da sociedade, bem como do próprio direito[75]. Ademais, pondera-se, ainda, a forma pela qual o Estado democrático trata o direito fundamental em seu ordenamento.

Neste sentido, Konrad Hesse conclui que "a validez universal dos direitos fundamentais não supõe uniformidade", isso porque, o conteúdo e a significação dos direitos fundamentais para um Estado dependem dos fatores extrajurídicos, especialmente da idiossincrasia, da cultura e da história dos povos[76].

Não se pode olvidar ainda que, tais direitos se desenvolveram inicialmente sob uma concepção jusnaturalista de direitos fundamentais do homem.

A despeito dessa multiplicidade de fatores, a literatura, de modo geral, aponta como características desses direitos a sua

---

[75] SAMPAIO, José Adércio Leite. **Teoria da Constituição e dos Direitos Fundamentais.** Belo Horizonte: Del Rey, 2013. p. 550.
[76] HESSE, 1995 apud MENDES, Gilmar Ferreira; BRANCO, Paulo Gustavo Gonet. **Curso de Direito Constitucional.** 7. ed. São Paulo: Saraiva, 2012. p. 161.

essencialidade, universalidade, historicidade, indisponibilidade, indivisibilidade, imprescritibilidade, relatividade, constitucionalização, aplicabilidade imediata, e a vinculação dos poderes públicos.

Para melhor elucidar as características dos direitos fundamentais, oportunamente traça-se as particularidades de cada uma dessas, esclarecendo-se a denotação desses elementos.

A **natureza básica** ou **essencial** dos direitos fundamentais firma que o exercício desses é indispensável para o gozo dos demais direitos, em decorrência de seus vínculos imediatos com a dignidade da pessoa humana[77], ou por serem em si mesmos, "valores de base ou fontes primeiras de conteúdos axiológicos positivados"[78].

Adequado afirmar que os direitos fundamentais estão diretamente ligados ao "pilar" da dignidade da pessoa humana. Embora em um primeiro momento tal vinculação indique a limitação do conceito[79], em verdade cumpre-se melhor a função legitimante desses direitos, acenando à primazia deste princípio hermenêutico[80], claro, sem embargo, da possibilidade de ceder,

---

[77] SHUE, 1980 apud SAMPAIO, José Adércio Leite. **Teoria da Constituição e dos Direitos Fundamentais.** Belo Horizonte: Del Rey, 2013. p. 550.

[78] SAMPAIO, José Adércio Leite. **Teoria da Constituição e dos Direitos Fundamentais.** Belo Horizonte: Del Rey, 2013. p. 550.

[79] José Joaquim Gomes CANOTILHO também defende que a vinculação ao princípio da dignidade da pessoa humana limita o conceito de direito fundamental. (**Direito Constitucional e Teoria da Constituição.** Coimbra: Almedina, 2003. p. 407).

[80] Nessa linha, Gilmar Ferreira MENDES, Paulo Gustavo Gonet BRANCO (**Curso de Direito Constitucional.** 7. ed. São Paulo: Saraiva, 2012), e, Ingo Wolfgang

no caso de sua análise concreta em situações em conflito[81].

Por este ângulo, Antonio Enrique Pérez Lunõ entrelaça a positivação dos direitos fundamentais à "dialética constante entre o progressivo desenvolvimento das técnicas de seu reconhecimento na esfera do direito positivo e a paulatina afirmação, no terreno ideológico, das ideias de liberdade e da dignidade humana"[82].

A seguir, traz-se à baila a **universalidade**, elemento do direito fundamental apontado na literatura tanto em sentido subjetivo, quanto em sentido objetivo. Muito embora essas concepções se entrelacem, cabe destacar cada aspecto, ressaltando novamente, a exclusão da concepção jusnaturalista.

A <u>universalidade em sentido subjetivo</u> ou <u>generalidade</u> dos direitos fundamentais afirma que as pessoas são titulares de direitos fundamentais e que a qualidade de ser humano constitui condição suficiente para a titularidade desses direitos[83]. Assim, ao não fazer qualquer distinção de sexo, cor, raça, cultura, religião, ideologia, fortuna etc., mostram-se inclusivos e gerais[84].

Não obstante, essa generalidade deve ser encarada com ressalvas, uma vez que, alguns direitos fundamentais são

---

SARLET (**A Eficácia dos Direitos Fundamentais.** 11. ed. Porto Alegre: Livraria do Advogado, 2012).

[81] ALEXY, Robert. **Teoria dos direitos fundamentais.** Traduzido por Virgílio Afonso da Silva. São Paulo: Malheiros, 2006, passim.

[82] PÉREZ LUNÕ, Antonio-Enrique. **Derechos humanos, Estado de Derecho y Constitución.** 6. ed. Madrid: Tecnos, 1999. p. 109.

[83] MENDES, Gilmar Ferreira; BRANCO, Paulo Gustavo Gonet. **Curso de Direito Constitucional.** 7. ed. São Paulo: Saraiva, 2012. p. 162.

[84] SAMPAIO, José Adércio Leite. **Teoria da Constituição e dos Direitos Fundamentais.** Belo Horizonte: Del Rey, 2013. p. 552.

voltados a destinatários específicos, implicando reconhecer que, "determinados objetivos vitais de algumas pessoas têm tanta importância como os objetivos básicos do conjunto dos indivíduos"[85]. A título de exemplo cita-se os direitos fundamentais dos trabalhadores, que asseguram proteção destes em detrimento dos que alienam sua força de trabalho.

Cabível, nesse sentido, a concepção negativa da universalidade firmada por Malcolm Waters, a qual firma que mais que reconhecer tais direitos como direito de todos, há de se assegurar que ninguém pode ser excluído do gozo desses direitos[86].

Já a <u>universalidade em sentido objetivo</u> apresenta o conceito clássico de universalidade - de direitos eternos, inatos, absolutos, omnipresentes - com temperamentos, quer dizer, o universal não é uniforme e perene, mas varia em consonância às necessidades básicas, às escolhas e prioridades de proteção, tendo como base estrutural o contexto específico de uma dada comunidade [87]. Então, a universalidade, nessa acepção, se mantém como substância dos direitos fundamentais, mas tem seu conteúdo mutável pela historicidade, conforme se verá abaixo.

---

[85] SANCHIS, 1994 apud MENDES, Gilmar Ferreira; BRANCO, Paulo Gustavo Gonet. **Curso de Direito Constitucional.** 7. ed. São Paulo: Saraiva, 2012. p. 162.
[86] WATERS, Malcom. **Globalisation and the social construction of human rights.** In: Human Rights and the Sociological Project, a plenary session of The Australian Sociological Association. Meeting. Deakin University. Australian and New Zealand Journal of Sociology, v. 31, n. 2, 1995.
[87] SAMPAIO, José Adércio Leite. **Teoria da Constituição e dos Direitos Fundamentais.** Belo Horizonte: Del Rey, 2013. p. 551.

Daí o porquê de a literatura afirmar a **relatividade** dos direitos fundamentais. Reconhecendo que, não há, portanto, em princípio, direitos absolutos, uma vez que outros direitos fundamentais, bem como diferentes valores com sede constitucional podem limitá-los[88]. Neste sentido, muito embora haja na literatura, autores respeitados que defendam tanto a existência de direitos fundamentais absolutos e imutáveis, quanto relativos[89], não é essa a concepção majoritária na doutrina, nem na jurisprudência do Supremo Tribunal Federal (STF), conforme se vê, como exemplo, de extrato de votos na Arguição de Descumprimento de Preceito Federal (ADPF) n. 130, caso da Lei de Imprensa[90], e no Mandado de Segurança (MS) n. 23.452-RJ[91].

---

[88] MENDES, Gilmar Ferreira; BRANCO, Paulo Gustavo Gonet. **Curso de Direito Constitucional.** 7. ed. São Paulo: Saraiva, 2012. p. 163.

[89] Neste sentido, Norberto BOBBIO, **A Era dos Direitos.** Traduzido por Carlos Nelson Coutinho. 7. reimpressão. Nova ed. Rio de Janeiro: Elsevier, 2004. p. 24; e, Francisco PONTES DE MIRANDA. **Comentários à Constituição de 1967 com a Emenda n. 1. 1969.** Tomo IV. 2. ed. rev. São Paulo: Revista dos Tribunais, 1970-1972. p. 618-619.

[90] "A mim me parece, e isso é coisa que a doutrina, tirando - ou tirante - algumas posturas radicais, sobretudo no Direito norte-americano, é pensamento universal que, além de a Constituição não prever, nem sequer em relação à vida, caráter absoluto a direito algum, evidentemente não poderia conceber a liberdade de imprensa com essa largueza absoluta e essa invulnerabilidade unímoda". (Trecho de manifestação do Min. Cézar Pelluso, na ADPF n. 130, Relator Min. Carlos Britto, Tribunal Pleno, Data de julgamento: 30.04.2009, Data de Publicação: 06.11.2009).

[91] "Os Direitos e Garantias Individuais Não Têm Caráter Absoluto. Não há, no sistema constitucional brasileiro, direitos ou garantias que se revistam de caráter absoluto, mesmo porque razões de relevante interesse público ou exigências derivadas do princípio de convivência das liberdades legitimam, ainda que excepcionalmente, a adoção, por parte dos órgãos estatais, de medidas restritivas das prerrogativas individuais ou coletivas, desde que respeitados os termos estabelecidos pela própria Constituição". (STF, MS n. 23.452, Relator Min. Celso De Mello, Tribunal Pleno, julgado em 16.09.1999, DJ 12.05.2000). Neste sentido também, MS n. 23576 DF, Relator Min. Celso De Mello, Data de Julgamento: 02.10.2000, Data de Publicação: DJ 06.10.2000.

Por sua vez, Prieto Sanchis, noticia esse mesmo entendimento nos Tribunais competentes em matéria de direitos humanos no direito comparado, quando afirmam que não existem direitos ilimitados[92].

Como já citado, o conceito objetivo de universalidade dos direitos fundamentais é temperado por outra característica, também desses direitos, a **historicidade**. Essa, significa que, assim como qualquer outro direito, apresentam uma essência histórica, por isso, são proclamados em certa época, evoluem e se modificam com o tempo, podendo, inclusive, desaparecer[93]. Ademais, "o que parece fundamental numa época histórica e numa determinada civilização não é fundamental em outro contexto temporal e em outras culturas"[94]. Por isso, qualquer pretensão de análise dos direitos fundamentais sem embasamento em determinado contexto histórico está fadada ao insucesso.

A expressão "evolução" é adequada ao passo que destaca que os direitos fundamentais costumam se afirmar de forma gradual, impulsionados pelas lutas em defesa de novas liberdades contra os velhos poderes. Destarte, esses direitos "nascem quando devem ou podem nascer". E, bem por isso, "não

---

[92] SANCHIS, 1994 apud MENDES, Gilmar Ferreira; BRANCO, Paulo Gustavo Gonet. **Curso de Direito Constitucional.** 7. ed. São Paulo: Saraiva, 2012. p. 163.
[93] SILVA, José Afonso. **Curso de Direito Constitucional Positivo.** 22 ed. São Paulo: Malheiros, 2008. p. 181.
[94] BOBBIO, Norberto. **A Era dos Direitos.** Traduzido por Carlos Nelson Coutinho. 7. reimpressão. Nova ed. Rio de Janeiro: Elsevier, 2004. p. 13.

todos de uma vez e nem de uma vez por todas"[95].

Neste norte, a historicidade se demonstra primordialmente importante à presente obra, justamente porque é fundamento central dos que defendem o reconhecimento do acesso à internet como direito fundamental. É certo que a mutabilidade desses direitos dá ensejo ao reconhecimento de "novos" direitos, sequer imagináveis antes, no entanto, *prima facie*, parece não demonstrar sua essencialidade, principalmente quando citado os direitos fundamentais das "primeiras gerações" da Revolução Francesa - a liberdade, a igualdade e a fraternidade.

Da **indisponibilidade** ou **inalienabilidade** dos direitos fundamentais decorre também sua, imprescritibilidade e irrenunciabilidade. Assim, por não possuírem um conteúdo econômico-patrimonial, os direitos fundamentais são intransferíveis, inegociáveis e indisponíveis (inalienáveis). A Constituição, quando assegura a todos tais direitos, veda que deles se desfaçam[96].

Neste sentido, "a inalienabilidade traz uma consequência prática importante - a de deixar claro que a preterição de um direito fundamental não estará sempre justificada pelo mero fato de o titular do direito nela consentir". Não admitindo, que o seu titular o torne impossível de ser

---

[95] BOBBIO, Norberto. **A Era dos Direitos**. Traduzido por Carlos Nelson Coutinho. 7. reimpressão. Nova ed. Rio de Janeiro: Elsevier, 2004. p. 9.
[96] SILVA, José Afonso. **Curso de Direito Constitucional Positivo**. 22 ed. São Paulo: Malheiros, 2008. p. 181.

exercitado para si mesmo, física ou juridicamente[97].

E não só, essa indisponibilidade, em regra, também é limite para o poder do Estado, que não está autorizado a negar ou a expropriar pretensões protegidas pelos direitos fundamentais. Diz-se "em regra", porque a afirmação comporta temperanças, isso porque, essa característica é ligada às primeiras Declarações do final do século XVIII, e, portanto, sob o manto da concepção jusnaturalista, qual requer a adaptação ao contexto histórico atual. Neste viés, é possível, a restrição do exercício de certos direitos fundamentais, ainda que no âmbito Estado Constitucional de Direito, que tem como centro irradiador a dignidade da pessoa humana[98], em prol de uma finalidade acolhida ou tolerada pela ordem constitucional[99]. Como exemplos, na Carta Magna é possível apontar a suspensão de determinados direitos em situações excepcionais como no Estado de Sítio e Estado de Defesa[100], a privação da liberdade

---

[97] MENDES, Gilmar Ferreira; BRANCO, Paulo Gustavo Gonet. **Curso de Direito Constitucional.** 7. ed. São Paulo: Saraiva, 2012. p. 165.

[98] BARROSO, Luís Roberto. **Da falta de efetividade à judicialização excessiva**: Direito à saúde, fornecimento gratuito de medicamentos e parâmetros para a atuação judicial, Revista de Direito Social, 2009. p. 10.

[99] MENDES, Gilmar Ferreira; BRANCO, Paulo Gustavo Gonet. **Curso de Direito Constitucional.** 7. ed. São Paulo: Saraiva, 2012. p. 166.

[100] "Art. 136. O Presidente da República pode, ouvidos o Conselho da República e o Conselho de Defesa Nacional, decretar estado de defesa para preservar ou prontamente restabelecer, em locais restritos e determinados, a ordem pública ou a paz social ameaçadas por grave e iminente instabilidade institucional ou atingidas por calamidades de grandes proporções na natureza.
§ 1º O decreto que instituir o estado de defesa determinará o tempo de sua duração, especificará as áreas a serem abrangidas e indicará, nos termos e limites da lei, as medidas coercitivas a vigorarem, dentre as seguintes:
I - restrições aos direitos de:
a) reunião, ainda que exercida no seio das associações;
b) sigilo de correspondência;

em decorrência de sentença condenatória definitiva, a restrição à liberdade de expressão, em prol da não divulgação de segredos obtidos no exercício de um trabalho ou profissão etc.

Notável afirmar que a definição da intensidade da indisponibilidade gravita em torno do valor atribuído à dignidade da pessoa humana. E, uma vez que a indisponibilidade se funda na dignidade humana e essa se vincula à potencialidade do homem de se autodeterminar e de ser livre, nem todos os direitos fundamentais possuem de modo completo tal característica, apenas os que visam resguardar diretamente a potencialidade do homem de se autodeterminar devem ser considerados indisponíveis[101].

Por isso, acentua-se a característica da **irrenunciabilidade**, vez que, sintetiza o exposto acima, quando afirma que não se pode admitir a renúncia ao núcleo substancial de um direito fundamental, ainda que exista a hipótese válida da limitação voluntária, em certas condições. Incumbindo a advertência feita por Canotilho, da existência de direitos fundamentais em que não é possível sequer a renúncia voluntária[102].

Por fim, por se tratarem de direitos, em sua maioria, que o seu reconhecimento na ordem jurídica já decorre o seu

---

c) sigilo de comunicação telegráfica e telefônica; [...]".
[101] MENDES, Gilmar Ferreira; BRANCO, Paulo Gustavo Gonet. **Curso de Direito Constitucional**. 7. ed. São Paulo: Saraiva, 2012. p. 165.
[102] CANOTILHO, José Joaquim Gomes. **Direito constitucional e teoria da Constituição**. 7. ed. Coimbra: Almedina, 2003. p. 463.

exercício, são também **imprescritíveis**[103]. De tal modo, a falta de exercício, mesmo que prolongada, desses direitos não importa a prescrição da exigibilidade desses direitos, haja vista a conexão à natureza imutável do ser humano[104].

Outra característica associada aos direitos fundamentais representa o fato de estarem positivados na ordem jurídica, e por isso, titulada de **constitucionalização.** Essa característica dogmática, serve de aspecto diferenciador entre as expressões "direitos fundamentais" e "direitos humanos", principalmente no ordenamento jurídico brasileiro, qual reconhece como direitos fundamentais os dispostos em normas constitucionais. Assim, abrigadas as normas pela Constituição Federal, forçoso reconhecer sua imposição a todos os poderes também por ela legitimados. E mais, limitando inclusive o Poder Constituinte Reformador, como é o caso das cláusulas pétreas (cláusulas de imutabilidade)[105].

---

[103] José Afonso da SILVA, assevera, inclusive, que a prescrição é um instituto jurídico que somente atinge a exigibilidade de direitos com caráter patrimonial, e não de direitos personalíssimos, ainda que individuais como no caso. (**Curso de Direito Constitucional Positivo**. 22 ed. São Paulo: Malheiros, 2008. p. 181). Na verdade, o termo "imprescritibilidade" não é técnico, visto que, na Teoria Geral do Direito, a perda do direito é denominada *decadência*, enquanto o termo *prescrição* se refere à perda da pretensão desse direito. (Cf. AMORIM FILHO, Agnelo. **Critério científico para distinguir a prescrição da decadência e para identificar as ações imprescritíveis**. Revista de Direito Processual Civil. São Paulo, v. 3, p. 95-132, jan./jun. 1961).

[104] FERREIRA FILHO, Manoel Gonçalves. **Direitos humanos fundamentais**. 14. ed. São Paulo: Saraiva, 2012. p. 39.

[105] A EC 45 acrescentou o § 3º ao art. 5º da CF, no intuito de solucionar o conflito entre os tratados e convenções internacionais, no que diz respeito aos direitos humanos, estabelecendo que diante da aprovação em cada Casa do Congresso Nacional, em dois turnos, por três quintos dos votos dos respectivos membros, aqueles adquirem status de Emenda Constitucional, e, portanto, direito fundamental. Caso não cumprido esse requisito, terão status supralegal, mas

A Carta de 1988 traz expressamente em seu art. 5º, § 1º, que "As normas definidoras dos direitos e garantias fundamentais têm **aplicação imediata**". Essa característica observa que as normas que definem direitos fundamentais são normas de caráter preceptivo, e não meramente programático ou exortativo dos dispositivos constitucionais, diminuindo assim, o condicionamento dos direitos fundamentais à atuação positiva do legislador[106].

Os efeitos corrosivos da neutralização ou da destruição dos direitos postos na Constituição foram experimentados na Alemanha, quando da implantação do nazismo. A noção de que os direitos previstos na Constituição não se aplicavam imediatamente, porque dependentes da livre atuação do legislador, e a falta de proteção judicial direta desses direitos, propiciaram a erosão do substrato democrático da Constituição de Weimar, cedendo espaço a que se assentasse - dentro da legalidade - o regime totalitário Nazista em 1933[107].

A partir desta "lição histórica", a Constituição Alemã de 1949 reagiu contra essas falhas, priorizando o poder constituinte originário, já que expressão da soberania de um povo, qual, devido sua importância é tido como a revolução copernicana do

infraconstitucional, situando-se acima das leis, mas abaixo da Constituição, conforme entendimento da Suprema Corte. (Cf. RE n. 466.343, Relator Min. Cezar Peluso, Tribunal Pleno, Data de julgamento: 03.12.2008, Data de Publicação: 05.06.2009).
[106] MIRANDA, Jorge. **Manual de direito constitucional**. Tomo IV. 3. ed. Coimbra: Coimbra Editora, 2000. p. 312.
[107] MENDES, Gilmar Ferreira; BRANCO, Paulo Gustavo Gonet. **Curso de Direito Constitucional**. 7. ed. São Paulo: Saraiva, 2012. p. 174.

Direito público europeu[108]. Sendo possível afirmar, a partir de então, que não são os direitos fundamentais que agora se movem no âmbito da lei, mas a lei que deve se mover no âmbito dos direitos fundamentais, havendo a deslocação da doutrina dos direitos fundamentais dentro da reserva de lei para a doutrina da reserva de lei dentro dos direitos fundamentais[109].

Em contrapartida, embora haja um dever jurídico-constitucional do legislador no sentido de adotar as medidas legislativas necessárias para tornar exequíveis as normas da Constituição, a esse dever não corresponde automaticamente um "direito fundamental à legislação"[110].

É dizer, essa característica expressa na Constituição, não significa que, sempre, de forma automática, os direitos fundamentais geram direitos subjetivos, concretos e definitivos[111]. Na medida em que, mesmo se tratando de normas de eficácia plena e de aplicabilidade direta[112], as normas de direitos fundamentais estão sujeitas à regulamentação, bem como estão expostas a eventual restrição e limitação, decorrente de sua relatividade, como visto.

Por isso, o reconhecimento da aplicabilidade dos

---

[108] MIRANDA, Jorge. **Manual de direito constitucional**. Tomo IV. 3. ed. Coimbra: Coimbra Editora, 2000. p. 311.

[109] KRÜGER apud CANOTILHO, José Joaquim Gomes. **Direito constitucional e teoria da Constituição**. 7. ed. Coimbra: Almedina, 2003. p. 1178.

[110] CANOTILHO, José Joaquim Gomes. **Direito constitucional e teoria da Constituição**. 7. ed. Coimbra: Almedina, 2003. p. 1036-1037.

[111] MENDES, Gilmar Ferreira; BRANCO, Paulo Gustavo Gonet. **Curso de Direito Constitucional**. 7. ed. São Paulo: Saraiva, 2012. p. 175.

[112] Conforme classificação difundida por José Afonso da SILVA. **Curso de Direito Constitucional Positivo**. 22 ed. São Paulo: Malheiros, 2008. p. 182-183.

direitos fundamentais, não corresponde à afirmativa de que a eficácia jurídica de tais normas seja idêntica, tendo em vista, a sua multifuncionalidade e alcance de um conjunto heterogêneo e complexo de normas e posições jurídicas[113].

Conclui-se que a aplicabilidade imediata não significa irrelevância da legislação infraconstitucional, que, aliás, em certos casos, é quem efetivamente dá concretude aos direitos fundamentais, mas que, a ausência eventual de lei não pode servir de obstáculo intransponível à aplicação da norma de direito fundamental. É neste sentido que, Ingo Sarlet sustenta a existência de - ao lado da aplicabilidade imediata - um dever, por parte dos órgãos estatais de atribuição da máxima eficácia e efetividade possível às normas de direitos fundamentais[114].

Deste dever, infere outra característica peculiar do ordenamento brasileiro, embora não exclusiva, a **vinculação dos poderes públicos** ou a **eficácia vertical dos direitos fundamentais**. Significa que, a partir do momento em que os direitos fundamentais são previstos na Constituição se tornam parâmetros de organização e de limitação aos poderes constituídos - cite-se, Executivo, Legislativo e Judiciário.

Assim, embora não seja característica expressa no ordenamento constitucional brasileiro[115], da constitucionalização

---

[113] SARLET, Ingo Wolfgang. **A Eficácia dos Direitos Fundamentais**. 11. ed. Porto Alegre: Livraria do Advogado, 2012. p. 261 e ss.
[114] SARLET, Ingo Wolfgang. **Curso de Direito Constitucional**. São Paulo: Revista dos Tribunais, 2012. p. 315.
[115] Diversamente do que enunciam as Constituições Portuguesa, Espanhola e a Alemã.

dos direitos fundamentais, bem como da aplicabilidade imediata destes, forçoso reconhecer a vinculação do poder público aos direitos fundamentais, sob pena de invalidade. Neste norte, qualquer ato do poder público deve tomar os direitos fundamentais como alicerce e referencial, na tentativa de assegurar a máxima eficácia possível[116].

Afinal, seria um contrassenso se admitir a fundamentalidade de um direito, ao passo que, não se obrigasse à observância.

A aplicação no âmbito do Poder Legislativo, significa que, não somente a atividade legiferante deve guardar coerência com o sistema de direitos fundamentais, como a vinculação aos direitos fundamentais pode assumir conteúdo positivo, forçando a edição de normas que deem regulamentação aos direitos fundamentais dependentes de concretização normativa[117]. Ainda, é possível colher da jurisprudência do Supremo Tribunal Federal, uma tendência de delimitação da função atípica do Legislativo (deliberações de Comissões Parlamentares de Inquérito), em favor de postulados dos direitos fundamentais[118].

No Poder Executivo, a vinculação aos direitos fundamentais se referem não apenas às pessoas jurídicas de direito público, mas também às pessoas jurídicas de direito

---

[116] MIRANDA, Jorge. **Manual de direito constitucional**. Tomo IV. 3. ed. Coimbra: Coimbra Editora, 2000. p. 315.
[117] MENDES, Gilmar Ferreira; BRANCO, Paulo Gustavo Gonet. **Curso de Direito Constitucional**. 7. ed. São Paulo: Saraiva, 2012. p. 167-168.
[118] Neste sentido, o MS n. 22.801, Rel. Min. Menezes Direito, DJ 13.03.2008; HC n. 80.420, Rel. p/ Acórdão Min. Ellen Gracie, DJ 01.02.2002; HC n. 71.421, Rel. Min. Celso de Mello, DJ 03.05.1994.

privado que, nas suas relações com os particulares, dispõem de atribuições de natureza pública, assim como pessoas jurídicas de direito público que atuam na esfera privada[119], sob pena de nulidade dos atos praticados com ofensa a esses direitos.

De outra parte, a Administração deve interpretar e aplicar as leis segundo os direitos fundamentais. A atividade discricionária da Administração não pode deixar de respeitar os limites que lhe acenam os direitos fundamentais. Sendo assegurado ao agente, em determinadas situações excepcionais, de deixar cumprir a lei por entendê-la inconstitucional[120], em especial quando manifestamente agredir direito fundamental e puser em imediato risco a vida ou a integridade pessoal de alguém, resultando da aplicação da lei inválida o cometimento de fato definido como crime.

No âmbito do Poder Judiciário, além de ser essência da função, a vinculação aos direitos fundamentais, em específico, se mostra no dever que se impõe aos juízes de respeitar os preceitos de direitos fundamentais, no curso do processo e no conteúdo das decisões[121]. Sendo oportuno enfatizar que, tal obrigação se

---

[119] Neste sentido, Jorge MIRANDA (**Manual de direito constitucional.** Tomo IV. 3. ed. Coimbra: Coimbra Editora, 2000. p.314-316); Ingo Wolfgang SARLET (**Curso de Direito Constitucional.** São Paulo: Revista dos Tribunais, 2012. p. 321).

[120] Embora haja divergência minoritária na literatura, entre estes, José Carlos Vieira de ANDRADE (**Os direitos fundamentais na Constituição portuguesa de 1976.** Coimbra: Almedina, 1987), e José Joaquim Gomes CANOTILHO (**Direito constitucional e teoria da Constituição.** 7. ed. Coimbra: Almedina, 2003. p. 443-445).

[121] MENDES, Gilmar Ferreira; BRANCO, Paulo Gustavo Gonet. **Curso de Direito Constitucional.** 7. ed. São Paulo: Saraiva, 2012. p. 173.

aplica a totalidade dos órgãos jurisdicionais estatais, bem como os atos por estes praticados no exercício de suas funções típicas ou atípicas.

Ainda mais, na relevante função de controle da constitucionalidade dos atos dos demais órgãos estatais. De modo que, é possível reconhecer que nesta atribuição, exercem função negativa ao declarar a inconstitucionalidade de atos em confronto com os direitos fundamentais, bem como função positiva, quando os juízes e tribunais, por meio da aplicação, interpretação e integração, outorguem às normas de direitos fundamentais a maior eficácia possível no âmbito do sistema jurídico[122].

Em arremate, assenta-se também o entendimento da <u>vinculação das relações privadas aos direitos fundamentais</u> ou a <u>eficácia horizontal dos direitos fundamentais</u>, afirmando a projeção dos direitos fundamentais a estas relações, que hipoteticamente representam relação de igualdade jurídica[123]. Não obstante a análise do tema extrapolar a proposta do presente livro, cabe ressaltar que, tem prevalecido a tese de que, em princípio, os direitos fundamentais geram uma eficácia direta *prima facie* na esfera das relações privadas, podendo, em observância dos casos em concreto, reclamar soluções

---

[122] MIRANDA, 1988 apud SARLET, Ingo Wolfgang. **Curso de Direito Constitucional**. São Paulo: Revista dos Tribunais, 2012. p. 323.
[123] SARMENTO, Daniel. **A vinculação dos particulares aos direitos fundamentais no direito comparado e no Brasil.** A nova interpretação constitucional: ponderação, direitos fundamentais e relações privadas. Organizador Luís Roberto Barroso. 2. ed. Rio de Janeiro: Renovar, 2006. p. 193-194.

diferenciadas[124].

2.3 Diretrizes de Robert Alexy para o reconhecimento de novos direitos fundamentais.

Em complemento às características dos direitos fundamentais, não é demais trazer a lição de Alexy, que aponta cinco caracteres de um direito, necessários para que sejam inscritos entre os direitos do homem, quais sejam: universais, morais, fundamentais, preferenciais e abstratos[125].

No que tange à **universalidade**, o direito deve reportar-se a todo e qualquer ser humano, ressalvando que as coletividades também podem ter direitos fundamentais, por ser "meio para a realização de direitos do homem"[126].

Quanto **à moralidade**, a base da norma deve "valer moralmente", ou seja, sua validez, não pressupõe uma positivação. Assim, "uma norma vale moralmente quando ela, perante cada um que aceita uma fundamentação racional, pode ser justificada"[127], quer dizer, possuem um mínimo de eficácia

---

[124] SARLET, Ingo Wolfgang. **A Eficácia dos Direitos Fundamentais**. 11. ed. Porto Alegre: Livraria do Advogado, 2012. p. 325.
[125] ALEXY, Robert. **Direitos Fundamentais no Estado Constitucional Democrático**. Revista de Direito Administrativo, Rio de Janeiro, Renovar, v. 217, p. 55-66, jul./set. 1999. p. 58.
[126] ALEXY, Robert. **Direitos Fundamentais no Estado Constitucional Democrático**. Revista de Direito Administrativo, Rio de Janeiro, Renovar, v. 217, p. 55-66, jul./set. 1999. p. 59.
[127] ALEXY, Robert. **Direitos Fundamentais no Estado Constitucional Democrático**. Revista de Direito Administrativo, Rio de Janeiro, Renovar, v. 217, p. 55-66, jul./set. 1999. p. 60.

sem que sejam positivadas juridicamente.

Ademais, o direito deve ser de **fundamental** importância, por delinear interesses e carências, dos quais "a necessidade de seu respeito, sua proteção ou seu fomento se deixe fundamentar pelo direito". Assim, um interesse ou uma carência é, fundamental quando sua violação ou não-satisfação significa ou a morte ou sofrimento grave, ou toca no núcleo essencial da autonomia. A fundamentabilidade, portanto, motiva a prioridade sobre todos os escalões do sistema jurídico[128].

Deve, ainda, ser um **direito preferencial**, quer dizer, embora seja um direito moral, seu fundamento implica à proteção estatal através do direito positivo[129].

Os direitos fundamentais devem, também, representar um **direito abstrato**, sendo, por isso, suscetível de restrição ou limitação. O que revela a necessidade de ponderações na aplicação dos direitos do homem em casos concretos[130].

Postas tais considerações, cabe analisar, no contexto histórico brasileiro, se, segundo as características gerais, bem como, as sugestões de Alexy, o acesso à internet representa um direito material fundamental.

---

[128] ALEXY, Robert. **Direitos Fundamentais no Estado Constitucional Democrático**. Revista de Direito Administrativo, Rio de Janeiro, Renovar, v. 217, p. 55-66, jul./set. 1999. p. 61.
[129] ALEXY, Robert. **Direitos Fundamentais no Estado Constitucional Democrático**. Revista de Direito Administrativo, Rio de Janeiro, Renovar, v. 217, p. 55-66, jul./set. 1999. p. 60-61.
[130] ALEXY, Robert. **Direitos Fundamentais no Estado Constitucional Democrático**. Revista de Direito Administrativo, Rio de Janeiro, Renovar, v. 217, p. 55-66, jul./set. 1999. p. 61-62.

CAPÍTULO 3

O ACESSO À INTERNET É UM DIREITO FUNDAMENTAL MATERIAL?

A Internet teve como origem um programa militar norte-americano conhecido como ARPANET, desenvolvido por uma agência denominada *Advanced Research Projects Agency* (ARPA), durante o período da Guerra Fria, em especial no ano de 1969. E, tinha como objetivo a transferência contínua e segura de dados e informações, inclusive nos períodos de guerra, entre algumas unidades militares e diversos centros de estudos localizados em Universidades dos Estados Unidos[131].

No Brasil, a Internet teve o seu desenvolvimento iniciado no ano de 1988, por meio da atuação cooperativa dos Ministérios da Ciência e Tecnologia e das Comunicações, criando a denominada Rede Nacional de Pesquisa (RNP). E tinha como objetivo principal o desenvolvimento de uma infraestrutura mínima de serviços de Internet que abrangesse todo o território

---

[131] LEINER, Barry M. et all. **Brief History of the Internet**. ACM SIGCOMM Computer Communication, v. 39, ed. 5, p. 22-31, out. 2009.

nacional[132].

Em termos gerais, a internet representa a ideia de conexão e comunicação, permitindo o intercâmbio de informações entre os usuários que a utilizam. Entende-se, pois, que estar conectado representa o *status* de ser comunicável ou estar disponível, para este intercâmbio[133].

Em um conceito técnico, internet "é o sistema constituído do conjunto de protocolos lógicos, estruturado em escala mundial para uso público e irrestrito, com a finalidade de possibilitar a comunicação de dados entre terminais por meio de diferentes redes"[134]. Por sua vez, conexão à internet é a "habilitação de um terminal para envio e recebimento de pacotes de dados pela internet, mediante a atribuição ou autenticação de um endereço IP"[135].

Embora o tema seja relativamente novo, é possível identificar argumentos principais na literatura que defendem o acesso à internet como um direito humano (e fundamental), são esses: a importância que a internet assumiu na atualidade, revelando sua fundamentalidade; a ausência do acesso à internet

---

[132] CARVALHO, Marcelo Sávio Revoredo Menezes de. **A trajetória da Internet no Brasil**: do surgimento das redes de computadores à instituição dos mecanismos de governança. 2006. Dissertação (Mestrado em Engenharia de Sistemas e Computação), COPPE, Universidade Federal do Rio de Janeiro, Rio de Janeiro, 2006.

[133] SKEPYS, Brian. **Is There a Human Right to the Internet?** Journal of Politics and Law. v. 5, n. 4, 2012. p. 18.

[134] Art. 5º, inc. I, da Lei nº 12.965, de 23 de Abril de 2014, que estabelece princípios, garantias, direitos e deveres para o uso da Internet no Brasil (Lei do Marco Civil da Internet).

[135] Art. 5º, inc. V, da Lei nº 12.965, de 23 de Abril de 2014.

indiretamente ocasionaria violação aos direitos fundamentais; o caráter de instrumentalidade (potencializadora) do acesso à internet em relação a outros direito fundamentais, como o de se comunicar (*right to communicate*), o de liberdade de expressão e à democracia.

Em relação ao plano internacional, o acesso à internet ganha maior destaque. Tal fato é facilmente constatado ante o estudo dos Relatórios da ONU, os quais preceituam o direito à comunicação e o acesso à internet como direitos humanos. O direito é colocado em evidência dado o seu caráter de instrumento mais poderoso do século XXI no controle da transparência dos poderes constituídos, bem como, de "potencializador" (*enabler*) do acesso à informação, e participação dos cidadãos na construção de sociedades democráticas[136].

No âmbito nacional, o acesso à internet não tem a repercussão como direito fundamental tal qual no plano internacional. No entanto, é possível visualizar algumas Propostas de Emendas à Constituição a fomentar a relevância do acesso à internet, são essas: a Proposta de Emenda à Constituição de nº 479, de 2010, de iniciativa do Deputado Sebastião Bala Rocha, que busca elevar o acesso à banda larga à categoria de direito fundamental, ao propor acrescentar "*o inciso LXXIX ao art. 5º da Constituição Federal, para incluir o*

---

[136] LA RUE, Frank. Report of the Special Rapporteur on the promotion and protection of the right to freedom of opinion and expression. United Nations Human Rights Council. Session 17. A/HRC/17/27, 2011. p. 4.

acesso à internet em alta velocidade entre os direitos fundamentais do cidadão"; e, a PEC nº 6, de iniciativa, do então, Senador Rodrigo Rollemberg, que propõe a alteração do art. 6, da Constituição, para "*introduzir no rol dos direitos sociais, o direito ao acesso à Rede Mundial de Computadores (Internet)*".

É incontestável que a análise do arcabouço documental nos remete a um elenco de argumentos plausíveis, coerentes e convencíveis de que o acesso à internet é tido como um serviço essencial[137]. No entanto, é irrefragável que a tese carece de embasamento jurídico, capaz de comprová-lo como um direito materialmente fundamental.

Nesse sentido, destacados os principais argumentos a favor do reconhecimento, mister se faz verificar, no contexto histórico-dogmático nacional, se o acesso à internet se enquadra nas características dos direitos fundamentais - essencialidade, universalidade, historicidade, indisponibilidade, indivisibilidade, imprescritibilidade - a confirmar ou descaracterizar sua natureza de direito fundamental material.

A priori é cabível questionar a <u>essencialidade</u> do acesso à internet. Isso porque, apesar de inegável a sua instrumentalidade, na medida em que resta inconteste sua potencialidade em obter alcance a outros direitos, como o de

---

[137] Embora apresente traços do conceito material de serviço público, ainda falta o seu reconhecimento pelo legislador a caracterizar tal como serviço público essencial (por isso é utilizada a expressão em sentido amplo). Destacando os limites constitucionais para a caracterização de um serviço público há a literatura de Celso Antônio Bandeira de MELLO (**Curso de Direito Administrativo**. 31. ed. rev. e atual. São Paulo: Malheiros, 2014. p. 709-710).

liberdade de expressão, o direito de reunião e o direito à democracia, é difícil reconhecer a sua indispensabilidade para o exercício desses, ainda mais se relembrada a decorrência dos direitos fundamentais do princípio da dignidade da pessoa humana. Nesse viés, é de se notar que mesmo que não houvesse o acesso à internet, ainda assim, tais direitos fundamentais poderiam ser exercidos e efetivamente os são.

Apesar de não restar caracterizada a essencialidade do acesso à internet, é de se avultar que a restrição a este instrumento viabilizador de tantos direitos desemboca diretamente em violação aos direitos fundamentais. A citar, o que ocorrera na China, que adotou um sistema de controle, filtragem e bloqueio de informações obtidas em websites a partir de termos como, "democracia" e "direitos humanos"[138]; e, na "Primavera Árabe", a onda de protestos e revoluções ocorridas no Oriente Médio e norte do continente africano, em 2011, em que o governo realizou o bloqueio do acesso ou disseminação de informações em razão da população fazer uso das novas tecnologias e das mídias sociais, como telefones celulares, mensagens de texto, redes sociais e da internet para convocar o povo às ruas e juntos protestarem contra o governo e melhores condições sociais de vida (*blocking just-in-time*)[139].

---

[138] LA RUE, Frank. Report of the Special Rapporteur on the promotion and protection of the right to freedom of opinion and expression. United Nations Human Rights Council. Session 17. A/HRC/17/27, 2011. p. 9.

[139] LA RUE, Frank. Report of the Special Rapporteur on the promotion and protection of the right to freedom of opinion and expression. United Nations Human Rights Council. Session 17. A/HRC/17/27, 2011. p. 10.

Vê-se, portanto, que a restrição ao acesso à internet importa em violação de forma indireta a outros direitos fundamentais, a comprovar seu caráter instrumental, por isso, forçoso afirmar que, o uso dessa tecnologia potencializa o gozo desses citados direitos fundamentais, mas sua presença não é indispensável para tanto.

Oportunamente faz-se uma ligação do acesso à internet com o direito à comunicação. Assim como o primeiro, o último é considerado por parte da literatura internacional como direito humano, pois surge da necessidade do ser humano de se comunicar e de ser parte de um sistema social de comunicação na sociedade em que convive[140], mas que, no entanto, seu reconhecimento como direito fundamental só fora possível devido às significantes inovações tecnológicas, entre estas, citam a internet[141].

Aos patronos do direito à comunicação como direito fundamental, defende-se a ideia de que o mesmo assegura os direitos democráticos de acesso universal às tecnologias de comunicação, informação, acesso à internet e demais mídias[142], tendo como principal elemento a obrigação do governo em criar

---

[140] FISHER, Desmond. **The Right to Communicate:** A Status Report. Paris: UNESCO, 1982. p. 8.

[141] MCIVER, William. BIRDSALL, William. RASMUSSEN, Merrilee. **The Internet and the right to communicate**. First Monday, 2003. Disponível em: <http://firstmonday.org/ojs/index.php/fm/article/view/1102/1022>. Acesso em: 10 jul. 2015.

[142] ANAWALT, Howard C. **"The right to communicate".** Denver Journal of International Law and Policy, v.13, Winter, p. 219-236, 1985; NESHAT, Saied N. **Right to communicate**: Human rights within an information Society: From Exclusion to Inclusion. In: Iranian Civil Society Organization. Articles, 2003.

um ambiente em que uma mídia diversificada e independente pode florescer, satisfazendo, assim, o direito do público de receber informações de uma variedade de fontes diferentes[143].

Nesta perspectiva, ao passo que o direito à comunicação se funda essencialmente no surgimento do acesso à internet, eleva-se o caráter de instrumentalidade que essa exerce nesses direitos, no entanto, o fato de a internet ser essencial ao direito a comunicação, não a torna um direito fundamental[144], mas, novamente, um instrumento de realização desse direito[145].

Em sinal de conformidade com esta interpretação, cabe citar, o art. 2º, da Lei nº 12.965, de 23 de abril de 2014, denominada Marco Civil da Internet, que afirma o fundamento do uso da internet no direito à liberdade de expressão, nos direitos humanos e outros.

No que tange à <u>universalidade</u>, a análise abrange o caráter subjetivo, em que o acesso à internet será para todos que apresentem a qualidade de ser humano, não podendo ser negado a ninguém; bem como o objetivo, por ser inato e omnipresente.

Urge explanar que muito embora se reconheça a mutabilidade dos direitos fundamentais em torno desse conteúdo

---

[143] PUDDEPHATT, Andrew. **Statement on the Right to Communicate.** ARTICLE 19. Global Campaign for Free Expression, Reino Unido: Londres, 2003. p. 8.
[144] SKEPYS, Brian. **Is There a Human Right to the Internet?** Journal of Politics and Law. v. 5, n. 4, 2012. p. 6.
[145] Não obstante o risco de fugir do tema proposto neste livro, vale tão somente enfatizar que a necessidade de reconhecimento de outros direitos fundamentais como base desse direito, em tese, prova sua não autonomia como direito fundamental.

universal, o acesso à internet arduamente pode ser apontado como algo inerente à pessoa humana. Talvez, em um esforço interpretativo, se ousasse afirmar que apresenta a característica da universalidade na concepção abordada por Fisher[146], como um direito à comunicação proveniente das necessidades do homem em viver em sociedade. De modo que, em relação à essa característica, embora se recomende prudência em identificar a universalidade no acesso à internet, a depender da concepção que se adote do direito à comunicação, é possível reconhecê-la. E, caso assim defendido, inevitavelmente será reconhecida sua relatividade, já que, conforme assentado, não existem direitos absolutos no ordenamento constitucional brasileiro[147].

A seguir, em relação à <u>historicidade</u>, o acesso à internet merece melhor acolhida, isso porque, embora a internet seja recente, é clara sua essência histórica, de evolução e crescente desenvolvimento. Não obstante, sendo certo que, em determinados Estados, tal acesso, apresenta fundamentalidade, não parece ser esse o caso do Estado brasileiro. No Brasil, segundo o Instituto Brasileiro de Geografia e Estatística (IBGE), em 2013, o acesso à internet em domicílios chegou a 85,6 milhões de brasileiros, o que equivale a cerca de 49% (quarenta e nove por cento) da população[148]. Para se ter um parâmetro, no

---

[146] Cf. FISHER, Desmond. **The Right to Communicate:** A Status Report. Paris: UNESCO, 1982.

[147] MENDES, Gilmar Ferreira; BRANCO, Paulo Gustavo Gonet. **Curso de Direito Constitucional**. 7. ed. São Paulo: Saraiva, 2012. p. 163.

[148] IBGE: Diretoria de Pesquisa, Coordenação de Trabalho e Rendimento. **Pesquisa Nacional por Amostra de Domicílios (PNAD) de 2013**. A pesquisa considerou o acesso de pessoas acima de 10 anos de idade que utilizaram a

território norte-americano, em 2010, quase 290 milhões de habitantes, ou seja, 95% (noventa e cinco por cento) da população, já residia em locais com acesso a uma infraestrutura de banda larga com uma velocidade de 4 *Mbps*, qual é considerada como adequada para usar o serviço com um mínimo de eficiência[149].

Os dados supracitados, caso analisados isoladamente, não são capazes de atribuir ao acesso à internet o caráter da historicidade. No entanto, é respeitável o entendimento de vislumbrá-lo como um direito em gradual evolução, capaz de, num futuro próximo, apresentar a historicidade dentre seus elementos, desde que atrelada à essencialidade, característica também pendente de reconhecimento.

Em relação à <u>indisponibilidade, imprescritibilidade</u> e <u>irrenunciabilidade</u>, mister perfilhar que o fato de o acesso à internet ter um custo econômico, e, portanto, um preço a ser pago às empresas provedoras pela disponibilização deste serviço[150], não significa que o suposto direito de acesso à internet, possui

---

internet pelo menos uma vez em um período de 90 dias anteriores à realização das entrevistas. Não cita a que velocidade fora feito o acesso.

[149] EUA. Federal Communications Commission. **Connecting America:** The National Broadband Plan. 2010. p. 30.

[150] Inicialmente as provedoras de serviço de telecomunicações brasileiras surgiram como sistema de monopólio estatal, após a Emenda Constitucional nº 8, de 8 de agosto de 1995, possibilitando a transformação em sistemas de concessão pública aos operadores privados, com o objetivo de incentivar a competição e o crescimento da universalização dos serviços. Atualmente, segundo Relatório da Agência Nacional de Telecomunicações (ANATEL), mais de quatro mil prestadoras se encontram autorizadas a prestar o Serviço de Comunicação Multimídia. (ANATEL: **Relatório de Indicadores de Desempenho Operacional Banda Larga Fixa** - SCM, 2014. p. 4).

conteúdo econômico-patrimonial. É dizer, não é porque um direito tem um custo para sua efetivação, que o direito em si se torna alienável. Por outro lado, por serem características, nem sempre presente de modo completo em todos os direitos fundamentais, mas, apenas nos que visam resguardar diretamente a potencialidade do homem de se autodeterminar [151], o não reconhecimento destas no acesso à internet, não seria argumento suficiente a negar a fundamentalidade desse.

Não obstante, somente para argumentar, se esclarece que por ser justamente um instrumento, se mostra nebulosa a associação do acesso à internet como algo indisponível, incapaz de sair da órbita do titular do direito. Tal distorção deve-se ao fato de que o titular do acesso à internet pode, se assim o quiser, dispor do seu acesso a rede a outros, os quais usufruiriam dos meios desse para exercer direito próprio. Constata-se, pois, que a análise em cotejo não condiz com a premissa da inalienabilidade, corroborando à tese de se descaracterizar a internet como direito fundamental.

Assim, é possível verificar, de modo mais raso, a irrenunciabilidade e a imprescritibilidade, ao passo que, não se poderia admitir a renúncia ao núcleo substancial desse acesso, bem como, de que do seu reconhecimento na ordem jurídica já decorreria o seu exercício, impedindo assim, a perda do direito.

Em relação à <u>constitucionalização</u>, a <u>aplicabilidade</u>

---

[151] MENDES, Gilmar Ferreira; BRANCO, Paulo Gustavo Gonet. **Curso de Direito Constitucional**. 7. ed. São Paulo: Saraiva, 2012. p. 165.

<u>imediata</u> e a <u>vinculação dos poderes públicos,</u> forçoso reconhecer que tais características pressupõem a positivação do direito fundamental na norma constitucional, o que possibilita afirmar, se positivado fosse o acesso à internet, este, necessariamente teria aplicabilidade imediata, e vincularia os poderes públicos.

Ademais, como forma de certificar, cabe ainda, analisar a suposta fundamentalidade com parâmetro nas diretrizes de Robert Alexy - universais, morais, fundamentais, preferenciais e abstratos.

Acerca da universalidade vale lembrar que o tema já foi suficientemente tratado acima.

Em relação a segunda diretriz mostra-se difícil adotar o acesso à internet como um direito moral, na concepção do autor, justamente, pelo seu caráter de instrumentalidade, muito embora, na hipótese de admitido como essência do direito à comunicação sua validez, não dependeria de uma positivação.

A seguir, por mais que se reconheça a importância que a internet tem assumido atualmente, também não passa no teste da "fundamental importância" do autor, vez que, embora inicialmente se mostre como um interesse ou carência que devem ser protegidas, a sua violação ou não-satisfação não significa, um sofrimento grave ou a morte. Talvez, num futuro próximo, seja possível encaixar na hipótese de violação que "toca no núcleo essencial da autonomia" da pessoa, por ora, não parece ser esse o caso.

Outrossim, para se reconhecer ser um direito preferencial, teria que assumir que o acesso à internet é uma condição necessária aos "direitos do homem", qual, conforme já ressaltado, não se verifica no contexto pátrio.

Por outro lado, é forçoso reconhecer que o acesso à internet pode representar um direito abstrato no entendimento de Alexy, a ensejar a restrição ou limitação pelo Estado, e a ponderação na sua aplicação em casos concretos.

É preciso relembrar que, muito embora, não se reconhece no presente livro a fundamentalidade material do acesso à internet, se positivado tal direito na Carta Magna, necessariamente, assumirá o status de direito fundamental formal[152], acrescido de todas as implicações que esse status confirma, por isso, a necessidade de analisar as Propostas de Emenda à Constituição acerca do tema.

3.1 Da Proposta de Emenda Constitucional nº 479 de 2010, e nº 6 de 2011.

A PEC nº 479, de 2010, de iniciativa do Deputado Sebastião Bala Rocha, busca elevar o acesso à internet à categoria de direito fundamental, propondo acrescentar "*o inciso LXXIX ao art. 5º da Constituição Federal, para incluir o acesso à internet em alta velocidade entre os direitos fundamentais do*

---

[152] Segundo parte da literatura, as hipóteses de conteúdo inserido no texto constitucional sem afinidade direta com a dignidade da pessoa humana e valores fundamentais compartilhados pela sociedade brasileira e pela comunidade internacional se denominam direitos apenas formalmente fundamentais. Neste sentido, Ingo SARLET, citando José Carlos Vieira de ANDRADE, e Ricardo Lobo TORRES (**Curso de Direito Constitucional**. São Paulo: Revista dos Tribunais, 2012. p. 271).

cidadão". Entre as principais justificativas da PEC, têm-se: o papel crucial da internet no processo de universalização do acesso à informação, bem como do desenvolvimento econômico e social das nações; oferecer alternativas simples e baratas para a transposição das barreiras que impedem o livre acesso dos povos ao conhecimento; a falta de penetração do acesso à internet nos domicílios brasileiros, mesmo com o desenvolvimento de políticas públicas nesse sentido, a ensejar prejuízos à sociedade brasileira, em virtude da inibição do crescimento das atividades econômicas intensivas em tecnologias da informação; e, que os brasileiros defendem que a internet deve ser um direito fundamental[153].

Por sua vez, a PEC nº 6, de iniciativa, do então, Senador Rodrigo Rollemberg, propõe a alteração do art. 6, da Constituição, para "*introduzir no rol dos direitos sociais, o direito ao acesso à Rede Mundial de Computadores (Internet)*", qual na justificativa, acrescenta aos argumentos já expostos, o princípio da igualdade, vez que, denuncia a desigualdade de oportunidades entre os que possuem o acesso, e os que não possuem[154].

---

[153] Após aprovada pela Comissão de Constituição e Justiça e Cidadania da Câmara dos Deputados (CCJ), atualmente a PEC se encontra arquivada devido ao fim da legislatura, conforme art. 105, do Regimento Interno da Câmara dos Deputados. Disponível em: <http://www.camara.gov.br/proposicoesWeb/fichadetramitacao?idProposicao=47 3827>. Acesso em: 10 nov. 2014.

[154] Atualmente, a PEC se encontra em pauta para análise da Comissão de Constituição, Justiça e Cidadania do Senado (CCJ). Disponível em: <http://www.senado.leg.br/atividade/materia/detalhes.asp?p_cod_mate=99334>. Acesso em: 25 jul. 2015.

As justificativas das duas PECs gravitam em torno da essencialidade que a internet apresenta em outros países mais desenvolvidos e a falta desse acesso universal no Brasil. Premissas essas que, segundo a argumentação das PECs, levariam a conclusão de que, o Brasil por não ter uma penetração do acesso à internet de forma mais ampla - como nos países desenvolvidos - estaria ultrapassado economicamente, socialmente etc.

A despeito de tudo que fora exposto, em que não se reconhece a internet como um direito fundamental, a própria premissa exposta nos corpos das PECs de que só menos da metade dos brasileiros tem acesso à internet já corroboraria ao entendimento de que não é um direito universal. No entanto, urge, ainda, tratar de dois aspectos, quais sejam: a tentativa de justificar o acesso à internet como direito fundamental tendo como argumento esse reconhecimento em outros países; e, a confusão que se faz entre essencial e direito fundamental.

O presente livro buscou enfatizar que qualquer análise sobre os direitos fundamentais deve ter como paradigma o contexto histórico específico do Estado, sob pena de ilegitimidade da análise. Nesse sentido, em respeito ao contexto e realidade de cada país, devido ao seu conjunto de caracteres peculiares, é inconcebível adequar o acesso à internet ao ordenamento brasileiro em razão do reconhecimento desse pelo direito comparado.

Portanto, resta evidenciado o equívoco das Propostas de Emenda Constitucional ao fundarem-se em contextos diametralmente opostos ao brasileiro, como por exemplo, na Coreia do Sul, onde o índice de penetração do serviço é superior a 90%[155], quase o dobro do percentual pátrio; e na Finlândia, que embora tenha-se declarado em norma constitucional que o uso da banda larga é um bem comum que deve estar disponível a todos[156], primeiramente estabeleceu-se programas de política públicas voltadas a esse objetivo[157], assim, assegurado um nível de penetração de mais de 96% é que se declarou como direito básico do cidadão, e não um direito fundamental.

De tal modo, o que se busca afirmar é que, o fato de o acesso à internet ser importante não faz dele um direito fundamental, tal termo é específico e exige cautela ao seu reconhecimento. Por isso, quando as razões das PECs expõem que a internet é uma "ferramenta importante para a formação pessoal, intelectual e profissional de todos os cidadãos"[158], bem como, que o seu uso "tem o potencial de alavancar um acréscimo de 1,3% no PIB do país"[159], partem de uma premissa verdadeira

---

[155] PEC nº 479 de 15 de abril de 2010, Deputado Sebastião Bala Rocha. p. 2.
[156] FINLÂNDIA. Ministry of Transport and Communications. Ministerial Adviser. **Ministry of transport and communications decree on the minimum rate of a functional internet access as a universal service.** 07 out. 2009. Disponível em: <https://www.lvm.fi/docs/en/913424_DLFE-10508.pdf>. Acesso em: 22 jul. 2015.
[157] FINLÂNDIA. Ministry of Transport and Communications. Ministerial Adviser. **Ministry of transport and communications decree on the minimum rate of a functional internet access as a universal service.** 07 out. 2009. Disponível em: <https://www.lvm.fi/docs/en/913424_DLFE-10508.pdf>. Acesso em: 22 jul. 2015.
[158] PEC nº 6 de 02 de fevereiro de 2011. Senador Rodrigo Rollemberg. p. 2.
[159] PEC nº 479 de 15 de abril de 2010. Deputado Sebastião Bala Rocha. p. 2.

- a internet é importante -, para uma conclusão falsa - portanto é um direito fundamental.

A consolidar a confusão que se faz com o conceito de direito fundamental e direito essencial, vale enfatizar que a PEC n. 479, embasada em pesquisa de caráter parcial[160] (realizada pela consultoria canadense GlobeScan, no Brasil, em 2010), ao passo que cita que 91% dos brasileiros entendiam que a internet deveria ser considerada um direito fundamental da humanidade [161], omite que 71% dos mesmos pesquisados afirmaram que viveriam normalmente sem internet, ou seja, que não consideravam como essencial para a vida[162].

Por fim, é certo que, quando se volta ao catálogo dos direitos fundamentais da Constituição Federal de 1988, é árdua a tarefa de reconhecer que todos os direitos ali elencados possuem os caracteres a que se tentou reconhecer no acesso à internet, ainda mais, se lembrado literatura que vincula o conteúdo ao valor

---

[160] A pesquisa foi realizada somente em capitais mais desenvolvidas, cite-se, Belo Horizonte, Brasília, Curitiba, Florianópolis, Goiânia, Porto Alegre, Recife, Rio de Janeiro, Salvador, e São Paulo, representando somente 16% do total da população adulta do país. (GLOBESCAN. **Four in Five Regard Internet Access as a Fundamental Right:** Global Poll. BBC World Service Poll. 7 mar. 2010. p. 21. Disponível em:
<http://news.bbc.co.uk/2/shared/bsp/hi/pdfs/08_03_10_BBC_internet_poll.pdf>. Acesso em: 01 jul. 2015.
[161] GLOBESCAN. **Four in Five Regard Internet Access as a Fundamental Right:** Global Poll. BBC World Service Poll. 7 mar. 2010, p. 6. Disponível em:

<http://news.bbc.co.uk/2/shared/bsp/hi/pdfs/08_03_10_BBC_internet_poll.pdf>. Acesso em: 01 jul. 2015.
[162] GLOBESCAN. **Four in Five Regard Internet Access as a Fundamental Right:** Global Poll. BBC World Service Poll. 7 mar. 2010, p. 6. Disponível em:

<http://news.bbc.co.uk/2/shared/bsp/hi/pdfs/08_03_10_BBC_internet_poll.pdf>. Acesso em: 01 jul. 2015.

da dignidade da pessoa humana, no entanto, o fato de a Carta apresentar direitos somente formalmente fundamentais, não justifica que esse rol seja ampliado.

3.2 Das consequências da aprovação do acesso à internet como direito fundamental.

Sem a pretensão de esgotar as possibilidades advindas de uma suposta aprovação, cabe tratar das principais consequências que decorreriam desta.

Em destaque, a vinculação de todos os poderes aos termos do acesso à internet. No que condiz ao âmbito do Poder Judiciário, a competência de julgamento da matéria tornaria a ser do Supremo Tribunal Federal, o que, em tese, acarretaria, na submissão de um tema que tem por natureza ser de evolução rápida e constante a um Tribunal que necessariamente precisa de tempo e estudo para análise dos casos; ainda, resultaria na imposição de orientação interpretativa com base no acesso à internet nos julgamentos a este Tribunal apresentados.

No âmbito do Poder Legislativo, a imposição do cumprimento da função legislativa voltada às diretrizes de implemento ao acesso à internet, tendo como limite, a reserva do possível e "limite do limite", em tese, o grau mínimo de efetividade dos direitos a prestação material.

Em caráter semelhante, o Poder Executivo, teria que direcionar suas políticas públicas ao acesso à internet, além de promover a implementação de recursos para assegurar o acesso a mais de 45% da população, que ainda não possui esse acesso, em detrimento de demandas indiscutivelmente preponderantes, como direito à saúde, a educação etc.

Inegável que tais consequências da aprovação do acesso à internet como direito fundamental, em parte, são cobiçadas, no entanto, é preciso relembrar que, o Estado brasileiro ainda apresenta quadros de escassez e precariedade de direitos das primeiras dimensões, o que desaconselha o reconhecimento desse "novo direito" como fundamental, afinal, em um quadro de escassez, "cada decisão explicitamente alocativa de recursos envolve também, necessariamente, uma dimensão implicitamente desalocativa"[163].

---

[163] SARMENTO, Daniel. **A proteção judicial dos direitos sociais: alguns parâmetros ético-jurídicos.** Leituras complementares de direito constitucional: direitos humanos e direitos fundamentais. 4. ed. Salvador: Juspodivm, 2009. p. 2.

CONCLUSÃO

Considerada a base histórica e a evolução de cada Estado é possível concluir quais os valores são fundamentais àquele ordenamento, bem como a razão pela qual esses alcançaram esse patamar.

Reconhece-se ainda que, apesar das denominadas dimensões dos direitos fundamentais, a relevar um valor fundamental dado um período histórico, a bem da verdade em todas as épocas os direitos fundamentais se apresentam, seja em maior ou menor medida, de forma gradual, não todos de uma vez e nem de uma vez por todas[164].

Além de considerado o amadurecimento do Estado para a contemplação de novos direitos fundamentais à sociedade, é imprescindível que esses preencham duas concepções, quais sejam: a fundamentalidade material, referente à definição de direito fundamental em razão de influências históricas, filosóficas e econômicas do momento em que se é proposto a analisá-las; e, a fundamentalidade formal, que é o reconhecimento no direito constitucional do Estado deste direito[165].

---

[164] BOBBIO, Norberto. **A Era dos Direitos**. Traduzido por Carlos Nelson Coutinho. 7. reimpressão. Nova ed. Rio de Janeiro: Elsevier, 2004. p. 9.
[165] SARLET, Ingo Wolfgang. **Curso de Direito Constitucional**. São Paulo: Revista dos Tribunais, 2012. p. 266.

Ante a análise da historicidade e o arcabouço de características essenciais para assim se admitir a nominação dos direitos fundamentais, cabe a advertência de que qualquer análise sobre a internet, devido ao seu caráter de exponencial evolução, pode mostrar-se prejudicada assim que proferida.

Ainda assim, a presente obra comprovou que o acesso à internet não é um direito fundamental material no ordenamento brasileiro. Para tanto, contrapôs as propriedades do acesso à internet às características dos direitos fundamentais, admitida pela doutrina e sob o crivo das diretrizes de Robert Alexy; propiciou o embate aos posicionamentos favoráveis ao seu reconhecimento; e, por fim, sopesou as consequências caso se efetue a elevação de seu status, em que poderia incorrer na trivialidade do termo direito fundamental, bem como incapacidade do Estado prover os direitos das primeiras dimensões face à precariedade econômica.

Oportunamente, apontou que, muito embora seja tema de relevada importância na atualidade, em que indiscutivelmente é meio viabilizador de inúmeros direitos, como o direito à informação, e ao controle, sua instrumentalidade comprova seu caráter de direito não fundamental.

Ademais, ao deparar-se com a multiplicação do rol de direitos fundamentais é possível visualizar a vulgarização e consequente esvaziamento do valor desses direitos. Segue, portanto, a conclusão lógica de que quanto mais direitos forem considerados fundamentais, menos fundamentais os direitos declarados o serão.

Impende salientar que, possivelmente, sob a análise dos caracteres estabelecidos nesta obra, haveria uma purificação do catálogo dos direitos fundamentais instituídos pela Constituição de 1988, mas esse fato não justifica o enquadramento de novos direitos fundamentais, os quais devem, ou pelo menos deveriam, se dar de forma criteriosa e ponderada.

Inclusive, no plano internacional censura-se a tendência de órgãos internacionais - como a ONU - em proclamar, sem critério objetivo algum, supostos direitos humanos, senão vejamos: direito ao turismo, direito ao sono, direito de não ser morto em guerra, direito de não ser sujeito a trabalho aborrecido, direito à coexistência com a natureza, direito de livremente experimentar modos de viver alternativos etc.[166]

É indiscutível que o elenco de direitos se modifica e continua a evoluir, em respeito às condições históricas a que são submetidos, entre estas, as transformações tecnológicas, constituindo, pois, uma categoria variável, devidamente protegida pelo ordenamento, a fim de resguardá-la e impedir seu exaurimento. No entanto, esse amparo que possibilita a perpetuação do direito às gerações seguintes não se estende ao acesso à internet, e, caso possível afirmar que um dia a

---

[166] ALSTON apud FERREIRA FILHO, Manoel Gonçalves. **Direitos humanos fundamentais**. 14. ed. São Paulo: Saraiva, 2012. p. 77.

internet irá "desaparecer"[167], até este dia, ou pelo menos por enquanto, não se pode reconhecer o acesso à internet como direito fundamental.

---

[167] Afirmação feita por Eric SCHMIDT, Presidente da empresa Google, no sentido de que a internet estará tão integrada ao modo de vida no futuro que será comum, ao ponto de não ser percebida. (**The Future of the Digital Economy**. 45th World Economic Forum Annual Meeting. Davos, Suíça, em 22 de janeiro de 2015).

REFERÊNCIAS BIBLIOGRÁFICAS

ALEXY, Robert. **Colisão e ponderação como problema fundamental da dogmática dos direitos fundamentais**. Palestra proferida na Fundação Casa de Rui Barbosa, Rio de Janeiro, em 10.12.1998.

ALEXY, Robert. **Direitos Fundamentais no Estado Constitucional Democrático**. Revista de Direito Administrativo, Rio de Janeiro, Renovar, v. 217, p. 55-66, jul./set. 1999.

ALEXY, Robert. **Teoria da argumentação jurídica:** A teoria do discurso racional como teoria da justificação jurídica. 2. ed. São Paulo: Landy, 2008.

ALEXY, Robert. **Teoria dos direitos fundamentais**. Tradução de Virgílio Afonso da Silva. São Paulo: Malheiros, 2006.

ALSTON, Philip. **Conjuring up new human rights**: a proposal for quality control. American Journal of International Law. 1984, v. 78.

ALSTON, Philip; ROBINSON, Mary. **What rights can add to good development practice**. in: Human Rights and Development: Towards Mutual Reinforcement eds. Oxford. Oxford University Press, 2005.

ANAWALT, Howard C. **"The right to communicate"**. Denver Journal of International Law and Policy, v.13, Winter, p. 219-236, 1985.

NESHAT, Saied N. **Right to communicate**: Human rights within an information Society: From Exclusion to Inclusion. In: Iranian Civil Society Organization. Articles, 2003.

ANDRADE, José Carlos Vieira de. **Os direitos fundamentais na Constituição portuguesa de 1976**. Coimbra: Almedina, 1987.

ÁVILA, Humberto. **Teoria dos princípios**: da definição à aplicação dos princípios jurídicos. 4. ed. Malheiros. 2005.

AMORIM FILHO, Agnelo. **Critério científico para distinguir a prescrição da decadência e para identificar as ações imprescritíveis**. Revista de Direito Processual Civil. São Paulo, v. 3, p. 95-132, jan./jun. 1961.

BARROSO, Luís Roberto. **Curso de Direito Constitucional Contemporâneo**: os conceitos fundamentais e a construção do novo modelo. 4. ed. São Paulo: Saraiva, 2013.

BARROSO, Luís Roberto. **Da falta de efetividade à judicialização excessiva:** Direito à saúde, fornecimento gratuito de medicamentos e parâmetros para a atuação judicial, Revista de Direito Social, 2009.

BARROSO, Luís Roberto. **O Novo Direito Constitucional Brasileiro**: Contribuições para a construção teórica e prática da jurisdição constitucional no Brasil. Fórum, 2012.

BASTOS, Celso. **Curso de direito constitucional**. 16. ed. São Paulo: Saraiva, 1995.

BOBBIO, Norberto. **A Era dos Direitos**. Traduzido por Carlos Nelson Coutinho. 7. reimpressão. Nova ed. Rio de Janeiro: Elsevier, 2004.

BOBBIO, Norberto. **Teoria da Norma Jurídica**. Traduzido por Fernando Pavan Bueno e Ariani Bueno Sudatti. SP. EDIPRO, 2001.

BONAVIDES, Paulo. **A evolução constitucional no Brasil**. Disponível em: <http://www.scielo.br/scielo.php?script=sci_arttext&pid=S0103-

4014200000300016>. Acesso em: 15 maio 2013.

BONAVIDES, Paulo. **Curso de Direito Constitucional Positivo**. 15. ed. São Paulo: Malheiros, 2004.

BONAVIDES, Paulo. **Quinta Geração de Direitos Fundamentais.** Revista Brasileira de Direitos Fundamentais e Justiça, n. 3, p. 82-93, 2008.

BRASIL. ANATEL: **Relatório de Indicadores de Desempenho Operacional Banda Larga Fixa (SCM)**, 2014.

BRASIL. SUPREMO TRIBUNAL FEDERAL. Arguição de Descumprimento de Preceito Fundamental n. 130, Relator Ministro Carlos Britto, Tribunal Pleno, Data de Publicação: 06.11.2009.

BRASIL. SUPREMO TRIBUNAL FEDERAL. Arguição de Descumprimento de Preceito Fundamental n. 45. Relator Ministro Celso de Mello. Data de Publicação: 04.05.2004.

BRASIL. SUPREMO TRIBUNAL FEDERAL. Habeas Corpus n. 80.420. Relatora para o Acórdão Ministra Ellen Gracie, Data de Publicação: 01.02.2002.

BRASIL. SUPREMO TRIBUNAL FEDERAL. Habeas Corpus n. 71.421. Relator Ministro Celso de Mello, Data de Publicação: 03.05.1994.

BRASIL. SUPREMO TRIBUNAL FEDERAL. Mandado de Segurança n. 23.452, Relator Ministro Celso de Mello, Tribunal Pleno, Data de Publicação: 12.05.2000.

BRASIL. SUPREMO TRIBUNAL FEDERAL. Mandado de Segurança n. 23.576/DF, Relator Ministro Celso de Mello, Data de Publicação: 06.10.2000.

BRASIL. SUPREMO TRIBUNAL FEDERAL. Mandado de

Segurança n. MS 22.801, Relator Ministro Menezes Direito, Data de Publicação: 13.03.2008.

BRASIL. SUPREMO TRIBUNAL FEDERAL. Recurso Extraordinário n. 466.343, Relator Ministro Cezar Peluso, Tribunal Pleno, Data de Publicação: 05.06.2009.

BRASIL. CÂMARA DOS DEPUTADOS FEDERAIS. Proposta de Emenda à Constituição nº 479 de 15 de abril de 2010. Disponível em: <http://www.camara.gov.br/proposicoesWeb/fichadetramitacao?idProposicao=473827>. Acesso em: 10 nov. 2014.

BRASIL. SENADO FEDERAL. Proposta de Emenda à Constituição nº 6 de 02 de fevereiro de 2011. Disponível em:

<http://www.senado.leg.br/atividade/materia/detalhes.asp?p_cod_mate=99334>. Acesso em 10 nov. 2014.

CANOTILHO, José Joaquim Gomes. **Direito constitucional e teoria da Constituição**. 5. ed. Coimbra: Almedina.

CANOTILHO, José Joaquim Gomes. **Direito constitucional e teoria da Constituição**. 7. ed. Coimbra: Almedina, 2003.

CARVALHO, Marcelo Sávio Revoredo Menezes de. **A trajetória da Internet no Brasil**: do surgimento das redes de computadores à instituição dos mecanismos de governança. 2006. Dissertação (Mestrado em Engenharia de Sistemas e Computação), COPPE, Universidade Federal do Rio de Janeiro, Rio de Janeiro, 2006.

D'ARCY, Jean. **"Direct Broadcast Satellites and the Right to Communicate"**. EBU (European Broadcasting Union) Review, v. 118, p. 14-18, 1969; reimpresso em: L.S. HARMS, Jim RICHSTAD, and Kathleen A. KIE (editors). The Right to Communicate: Collected Papers. Honolulu: Social Sciences and Linguistics Institute, University of Hawaii at Manoa. University Press of Hawaii, p. 1-9, 1977.

DWORKIN, Ronald. **Levando os Direitos a Sério**. 3. ed. São Paulo: WMF Martins Fontes, 2010.

ESTADOS UNIDOS DA AMÉRICA. Federal Communications Commission. **Connecting America:** The National Broadband Plan. 2010.

FERNANDES, Bernardo Gonçalves. **Curso de direito constitucional**. 3. ed. Rio de Janeiro: Lumen Juris, 2011.

FERRAJOLI, Luigi. **Los fundamentos de los derechos fundamentales**. Madrid: Trotta, 2001.

FERRAJOLI, Luigi. **Por uma teoria dos Direitos e Bens Fundamentais**. Tradução Alexandre Salim e outros, Livraria do Advogado, Porto Alegre, 2011.

FERREIRA FILHO, Manoel Gonçalves. **Curso de Direito Constitucional**. 38. ed. rev. atual. São Paulo: Saraiva, 2012.

FERREIRA FILHO, Manoel Gonçalves. **Direitos humanos fundamentais**. 14. ed. São Paulo: Saraiva, 2012.

FERREIRA FILHO, Manoel Gonçalves. **Do Processo Legislativo**. 7. ed. rev. e atualizada. São Paulo: Saraiva, 2012.

FINLÂNDIA. Ministry of Transport and Communications. Ministerial Adviser. **Ministry of transport and communications decree on the minimum rate of a functional internet access as a universal service.** 07 Out. 2009. Disponível em: <https://www.lvm.fi/docs/en/913424_DLFE-10508.pdf>. Acesso em: 22 jul. 2015.

FISHER, Desmond. **The Right to Communicate**: A Status Report. Paris: UNESCO. 1982.

GLOBESCAN. **Four in Five Regard Internet Access as a Fundamental Right:** Global Poll. BBC World Service Poll. 7 mar.

2010. Disponível em:
<http://news.bbc.co.uk/2/shared/bsp/hi/pdfs/08_03_10_BBC_inte
rnet_poll.pdf>. Acesso em: 01 jul. 2015.

GOMES CANOTILHO, Joaquim José. **Tomemos a sério os direitos sociais, económicos e culturais.** Coimbra: Coimbra Editora, 1988.

GRIMM, Dieter. **Constituição e política.** Traduzido por Geraldo de Carvalho. Belo Horizonte: Del Rey, 2006.

HESSE, Konrad. **A força normativa da Constituição.** Porto Alegre: Sérgio A. Fabris, Editor, 1991.

HESSE, Konrad. **Escritos de derecho constitucional.** Madrid: Centro de Estudios Constitucionales, 1983.

HOLMES, Stephen; SUNSTEIN, Cass. **The Cost of Rights:** Why Liberty Depends on Taxes. New York-London: W. W. Norton & Company, 1999.

KELSEN, Hans. **Teoria Pura do Direito.** 6. ed. São Paulo: Martins Fontes, 1998.

LA RUE, Frank. **Report of the Special Rapporteur on the promotion and protection of the right to freedom of opinion and expression.** United Nations Human Rights Council. Session 17. A/HRC/17/27, 2011.

LAFER, Celso. **A Reconstrução dos Direitos Humanos:** um diálogo com o pensamento de Hannah Arendt. 7. reimpressão. São Paulo: Cia das Letras, 2009.

LEINER, Barry M; CERF, Vinton G; CLARCK, David D; KAHN, Robert E; KLEINROCK, Leonard; LYNCH, Daniel C; POSTEL, Jon; ROBERTS, Larry G; WOLFF, Stephen. **Brief History of the Internet.** ACM SIGCOMM Computer Communication, v. 39, ed. 5, p. 22-31, out. 2009.

LOPES, José Reinaldo de Lima. **Direitos Sociais Teoria e prática**. São Paulo: Método, 2006.

MCIVER, William; BIRDSALL, William; RASMUSSEN, Merrilee. **The Internet and the right to communicate.** First Monday, [S.I.], dec. 2003. ISSN 13960466. Disponível em: <http://firstmonday.org/ojs/index.php/fm/article/view/1102/1022>. Acesso em: 22 jul. 2015.

MELLO, Celso Antônio Bandeira de. **Conteúdo jurídico do princípio da Igualdade**. 3. ed. 8. tiragem, São Paulo: Malheiros, 2000.

MELLO, Celso Antônio Bandeira de. **Curso de Direito Administrativo.** 31. ed. rev. e atual. São Paulo: Malheiros, 2014.

MENDES, Gilmar Ferreira; BRANCO, Paulo Gustavo Gonet. **Curso de Direito Constitucional.** 7. ed. São Paulo: Saraiva, 2012.

MENDES, Gilmar Ferreira. **Jurisdição constitucional**. 5. ed. São Paulo: Saraiva, 2005.

MIRANDA, Jorge. **Manual de direito constitucional**. Tomo IV. 3. ed. Coimbra: Coimbra Editora, 2000.

NETO, Cláudio Pereira de Souza; SARMENTO, Daniel. **Direito Constitucional:** Teoria, história e métodos de trabalho. Belo Horizonte: Fórum, 2012.

OLIVEIRA JÚNIOR, José Alcebíades de. **Teoria Jurídica e Novos Direitos**. Rio de Janeiro: Lumen Juris, 2000.

PÉREZ LUÑÕ, Antonio-Enrique. **Derechos humanos, Estado de Derecho y Constitución.** 6. ed. Madrid: Tecnos, 1999.

PIEROTH, Bodo; SCHLINK, Bernhard. **Direitos fundamentais**. Traduzido por António Francisco de Sousa e António Franco. São Paulo: Saraiva, 2012. (Série IDP).

PIOVESAN, Flávia. **Temas de direitos humanos**. 5. ed. São Paulo: Saraiva, 2012.

PONTES DE MIRANDA. Francisco. **Comentários à Constituição de 1967 com a Emenda n.1**, 1969, Tomo IV. 2. ed. rev. São Paulo: Revista dos Tribunais, 1970-1972, p. 618-619.

PUDDEPHATT, Andrew. **Statement on the Right to Communicate**. ARTICLE 19 Global Campaign for Free Expression, Reino Unido: Londres, 2003.

RAMOS, André de Carvalho. **Curso de direitos humanos**. São Paulo: Saraiva, 2014.

RAWLS, John. **The Law of Peoples with "The Idea of Public Reason Revisited"**. Cambridge, MA: Harvard University Press. 1999.

SACHS, Ignacy. **Desenvolvimento, direitos humanos e cidadania.** In: Direitos humanos no século XXI, Brasília: Instituto de Pesquisas de Relações Internacionais e Fundação Alexandre de Gusmão, 1998.

SAMPAIO, José Adércio Leite. **Teoria da Constituição e dos Direitos Fundamentais.** Belo Horizonte: Del Rey, 2013.

SARLET, Ingo Wolfgang. **A Eficácia dos Direitos Fundamentais.** 5. ed. Porto Alegre: Livraria do Advogado, 2012.

SARLET, Ingo Wolfgang. **Curso de Direito Constitucional.** São Paulo: Revista dos Tribunais, 2012.

SARLET, Ingo Wolfgang. **Dignidade da pessoa humana e direitos fundamentais na Constituição Federal de 1988**. 5. ed. rev. atual. Porto Alegre: Livraria do Advogado, 2007.

SARLET, Ingo Wolfgang. **Evolução, desafios e perspectivas da Constituição**. In: XV Congresso de Direito Constitucional do Instituto Brasiliense de Direito Público, Brasília. 21 set. 2012.

SARMENTO, Daniel. **A proteção judicial dos direitos sociais:** alguns parâmetros ético-jurídicos. Leituras complementares de direito constitucional: direitos humanos e direitos fundamentais. 4. ed. Salvador: Juspodivm, 2009.

SARMENTO, Daniel. **A vinculação dos particulares aos direitos fundamentais no direito comparado e no Brasil.** A nova interpretação constitucional: ponderação, direitos fundamentais e relações privadas. Organizador Luís Roberto Barroso. 2. ed. Rio de Janeiro: Renovar, p. 193-284, 2006.

SCHMIDT, Eric. **The Future of the Digital Economy**. 45th World Economic Forum Annual Meeting. Davos, Suíça. 22 jan. 2015.

SCHMITT, Carl. **Teoría de la Constitución**. Madrid: Alianza Editorial, 2003.

SEN, Amartya. **Elements of a Theory of Human Rights.** Philosophy and Public Affairs, v. 32, p. 315-356, 2004.

SHAPIRO, Martin; SWEET, Alex Stone. **On law, politics & judicialization.** New York: Oxford University Press, 2011.

SILVA, José Afonso. **Curso de Direito Constitucional Positivo.** 22 ed. São Paulo: Malheiros, 2008.

SILVA, Virgílio Afonso da. **A constitucionalização do direito:** Os direitos fundamentais nas relações entre particulares. São Paulo: Malheiros, 2005.

SILVA, Virgílio Afonso da. **Direitos fundamentais:** conteúdo essencial, restrições e eficácia. 2. ed. São Paulo: Malheiros, 2010.

STRAUSS, David. **The Living Constitution.** New York: Oxford University Press, 2010.

STRECK, Lenio Luiz. **Hermenêutica Jurídica e(m) Crise:** uma exploração hermenêutica da construção do Direito. 5. ed. Porto Alegre: Livraria do Advogado, 2004.

STRECK, Lenio Luiz. **Verdade e Consenso:** Constituição, hermenêutica e teorias discursivas. 4. ed. São Paulo: Saraiva, 2011.

SUNSTEIN, Cass; HOLMES, Stephen. **The Cost of Rights:** Why Liberty Depends on Taxes. Nova York: W.W. Norton & Company, 1999.

TAVARES, André Ramos. **Curso de direito constitucional.** 11. ed. rev. e atual. São Paulo: Saraiva, 2013.

TORRES, Ricardo Lobo. **O direito ao mínimo existencial.** 2. tiragem. Rio de Janeiro: Renovar, 2009.

AGRA, Walber de Moura. **Tratado de direito constitucional.** Coordenadores Ives Gandra da Silva Martins, Gilmar Ferreira Mendes, Carlos Valder do Nascimento. v. 1, 2. ed. São Paulo: Saraiva, 2012.

WATERS, Malcom. **Globalisation and the social construction of human rights.** In: Human Rights and the Sociological Project, a plenary session of The Australian Sociological Association. Meeting. Deakin University. Australian and New Zealand Journal of Sociology, v. 31, n. 2, 1995.

Ingram Content Group UK Ltd.
Milton Keynes UK
UKHW022011130423
420127UK00014B/1131